百习而见商学院系列

翁春春 主编

# HR 绩效管理技能实操全案

## 中小企业HR如何做好绩效管理

翁春春 冯雪美◎著



# Performance Management Skills Practical Solution

中国法制出版社
CHINA LEGAL PUBLISHING HOUSE

# 前言

## 人力资源管理的起源逻辑

人力资源管理的核心，是通过各种对人的研究和实践，充分发挥人的价值，为组织服务，创造组织需要的价值。因此人力资源的核心，从底层逻辑上讲，是研究人心、人性、需求和欲望。

整个人类社会的发展，实际上就是人心、人性、需求和欲望的发展。

商业的本质是等价交换，是由不同时期、不同场合、不同境况下，不同的人基于不同的价值观、思维模式、行为习惯而延伸出的不同需求和欲望之间的交换。

没有需求，就没有交换；没有交换，就没有商业。

比如，智能机的普及，实际上仅仅是在时代大背景下，由于物质文明的发展而使得人产生的一种新的精神需求。

因此，整个人类的发展，人力资源的核心逻辑，实际都是基于马斯洛需求延伸出的，核心逻辑就是研究人和有效运用人，为组织和个人需求、欲望服务。

人类发展的不同阶段，延伸出不同的物质和精神需求，为了更好地满足需求，产生了三类不同的解决方案。

**一、纯物质的解决方案**

如解决饥饿需求的食物，解决寒冷需求的衣服等。

**二、纯精神的解决方案**

如解决技能需求的授课，解决无聊需求的聊天等。

**三、物质+精神的解决方案**

如解决面子需求的婚宴（美食+荣誉），解决空虚需求的游戏（平台+机制）等。

随着需求越来越多样化，资源和分工也越来越多样化，为了更好地协同和充分运用好“人”这种资源，产生了专门研究“人”这种资源的学科——人力资源管理。

实际上，人力资源管理仅仅是管理学的一种。管理学会对人、事、资源等进行合理有效的计划、组织、协调、控制、监督、实施、改进。人力资源管理，主要是对“人”这种资源进行合理有效的计划，组织、协调、控制、监督、实施、改进。

万变不离其宗，因此，人力资源管理本质上是一门研究和有效运用人心、人性、需求、欲望为主体的管理学科。脱离了管理，甚至把人力资源管理凌驾于整个管理学之上的做法，实属本末倒置，以偏概全。

显而易见，人是管理的核心资源，却不是全部资源。学过逻辑学的人应该明白，人力资源管理隶属于管理学的关键部分，与管理学是从属关系，一部分又如何能凌驾甚至替代整体呢？这是很荒诞的逻辑，这也是为何许多科班出身的人力资源从业者，真实人力水平还不如运营部门负责人的水平高，因为他们的眼睛只盯着“人”，而忽略了与人相关的其他资源之间的协同关系，久而久之，片面地拔高和割裂了人力资源，导致思维陷入固化的陷阱，同时又缺乏对人性的深度洞悉，喜欢停留在研究方法论和操作工具层面，丢失了人力资源管理的根本之道。

根据此逻辑可以得出，真正的管理学大师，一定是人力资源管理大师。但是传统的人力资源管理大师可能只是管理学高手，不一定是管理学大师。

## 人力资源水平的划分逻辑

一直以来，人力资源管理的等级段位没有一个很明确的划分。现在，笔者就基于对上百万名HR的接触观察，根据任职资格标准的基本逻辑，从以下几个维度进行评估并划分出HR的学徒6级和高手9段。

**维度一：工作内容**

人力资源从业者在组织内部承担的职责越多、越高，水平要求就越高。

对于负责战略的HR决策者和负责管理的HR管理者，以及负责执行的HR实施者，水平要求各不一样。

**维度二：管理幅度**

人都是独一无二的，组织内的人数越多，人心、人性、需求、欲望就越多，人力资源管理的工作量和复杂度，在不同人的四类要素排列组合下，呈几何级数增长，同样的工作内容，对人力资源管理水平要求也就越来越高。

10000人的企业和500人的企业，同样都是HRM，涉及的人员数量不同，会导致问题数量不同，对HR人员的能力要求明显不同。

**维度三：管理难度**

除了数量，组织的目标要求越高（经营指标），人员分类越复杂，面对同样事情时，人力资源管理的难度就越大，对人力资源管理水平要求也就越高。

年营收千亿元的公司和年营收十亿元的公司，对HR人员的能力要求明显不同。而人员类别单一的公司和人员类别复杂的公司，对HR人员的能力要求明显又不同。

**维度四：管理业绩**

组织在不同时期，不同难度，不同幅度，不同内容下，人力资源管理者承担的职责难度也不同，而在不同情况下，要把人力资源工作做出同样的业绩，对能力的要求也是不一样的。

招聘同样的岗位/数量，在资源匮乏的公司完成，和在资源充足的公司完成，对HR人员的能力要求明显不同。在初创期的公司完成，和在成熟期的公司完成，对HR人员的能力要求又不同。

**维度五：体系高度**

一套体系包含四个核心要素：

**道：**大道至简，有一套能解释领域内所有现象的底层逻辑规律。

**法：**有一套根据底层逻辑规律延伸出来的，适合所有现象问题解决的指导型方法论。

**术：** 有一系列根据指导型方法论延伸出来的，适合问题解决的操作技巧。

**器：** 有一系列承载操作技巧的标准化的操作工具模型。

做同样的事情，在不同的认知高度、思维模式、行为习惯下呈现出的方式不同，凸显出HR人员的水平也不一样。复制他人工具执行完成的，和思考创立自己工具执行完成的HR人员的水平明显不同。而创立操作工具的和创立方法论的，HR人员的水平又明显不同。

# 序

## 中小企业绩效管理问题与解决

### 一、绩效管理概述

1. 企业经营的本质

商业的本质是等价交换，它使交换的双方在交易中获得自己想要的价值。

而企业是商业发展到一定阶段的产物，它不同于福利性机构和公益机构，其本质目的是盈利和持续盈利。

盈利基于企业生存需求，持续盈利基于企业发展需求。

因此，企业经营的本质就是盈利和持续盈利，并在此基础上实现社会责任。

企业经营的公式：收入－成本＝利润。

2. 绩效管理的本质

企业的经营业绩又称经营绩效，对经营业绩的管理，就是绩效管理。

（1）绩效管理的本质之一：收入管理和成本管理

由于企业经营的核心要素是收入和成本，因此绩效管理的最终本质就是对企业的收入和成本进行管理。

（2）绩效管理的本质之二：结果管理和过程管理

经营结果的保证需要以必要的过程行为为支撑，没有有效的过程行为作为支撑，结果的达成将成为一纸空文。

因此，绩效管理不仅是简单的对经营管理目标进行管理，更重要的是对整个目标达成的过程进行有效的管理。

（3）绩效管理的本质之三：企业文化管理

企业文化分为四个层次：核心层、制度层、行为层、包装层。

核心层企业文化是企业为达成战略目标而分解、提炼出的企业核心价值观（即企业所有人员的核心行为准则）。

制度层企业文化是使企业核心价值观在实际执行中得到有效落实的制度流程体系。

行为层企业文化是企业内部所有人员对制度流程体系的执行。

包装层企业文化是企业内部针对企业核心价值观展现出的行为，通过视觉、听觉、感觉等形式进行的包装、展示、宣传。

一家企业的战略达成，就是其绩效的达成，对战略的管理，就是绩效管理。企业的核心价值观是支撑企业人员达成绩效的核心行为准则，有效的制度流程及实施是达成绩效的必要保障，因此绩效管理又可以被称为企业文化管理。

基于以上逻辑，从人力资源管理的角度看，绩效管理可以总结为三句话：选择正确的人，做正确的事，正确地做事。

3.绩效管理的三大阶段

（1）第一阶段：绩效考核阶段

该阶段主要是要明确绩效目标、确定考核标准和考核流程，使绩效管理的目标清晰、方向正确，并建立明确的衡量机制，确保绩效管理的公平性。

（2）第二阶段：绩效实施阶段

该阶段主要是对绩效目标的达成以及达成过程中碰到的实际问题和困难进行绩效实施过程的跟踪、反馈、改进等工作，建立相对明确的实施改进机制，确保绩效管理的有效性。

（3）第三阶段：绩效激励阶段

该阶段主要是将已经产生的绩效实施结果运用到人力资源管理的“选、育、用、留”各个方面，并对结果开展有针对性的正负激励、建立有效的激励机制、促进绩效目标的持续达成、确保绩效管理的持续性。

## 二、中小型企业在绩效管理上存在的普遍问题

据不完全统计，截至2018年4月，95.8%的中国企业是中小型企业，90.4%的中国中小型企业是民营企业。中小型民营企业是国家强盛之本，但中小型民营企业主的思维还大多停留在“土皇帝”式管理的阶段，还未真正认同职业化管理的理念。

1.就目前来看，中小型民营企业的绩效管理现状并不乐观，绝大多数中小型企业的绩效管理并未真正起到实际作用，具体表现如下。

（1）企业经营者对绩效管理理念的认识不足，片面地将绩效考核等同于绩效管理，以考代管，把员工放置在对立面，严重打击了员工的积极性，导致绩效管理变成负激励工具。

（2）企业经营者对绩效目标不明确，在进行战略目标分解时过于关注细节，常常陷入完美主义，导致“眉毛胡子一把抓”，重心不明、平均用力，使得绩效目标难以达成。

（3）企业经营者对人心、人性、需求、欲望的把握不透彻，忽略了人的能动性，绩效管理过于僵化，片面地将人当成机器，推行绩效管理时，严重损害员工的感受，使得绩效推行不了了之。

（4）人力资源管理者不理解企业主推行绩效的阶段性目标，主观地用自己的理解代替“一把手”的真实目的，导致绩效推行偏离初衷、落地不力。

（5）企业经营管理者往往忽略公司管理的基础现状，过于追求“高大上”的绩效管理效果，妄图“一步登天”，不遵循绩效推行的逻辑和步骤，导致绩效推行无果。

（6）企业经营管理者对绩效管理的理解不透彻，过于迷恋绩效工具，认为绩效工具是万能的，而忽略了绩效管理的本质是对经营结果负责，导致绩效推行偏离目标、无疾而终。

（7）企业经营管理者将绩效管理和日常管理割裂开来，片面推行绩效，使得绩效无法与实际工作相结合，导致绩效管理失败。

（8）企业经营管理者格局不足，对于已经产生的绩效结果无法按期兑现激励，导致员工对企业失去信任，使得绩效管理的有效性无法持续。

2. 究其原因无外乎以下三类。

（1）第一类：考核机制异常

①考核目标不明确。为考核而考核，根本不与企业经营管理目标挂钩，导致考核分数高低与企业经营管理完全无关，考核没有任何实际意义。

②考核目标值不合理。不符合“猴子够香蕉原理”，目标值要么过高，所有人都无法达成，严重打击被考核者的积极性；要么设置过低，绝大部分人都能轻易达成，失去挑战性，缺乏考核价值。

③考核标准不明确。或是因为无凭无据、操作环节不公开、不透明，使得员工认为公司是暗箱操作，无法服众；或是因为领导一言堂，全凭个人喜好给出考核数据，打击了员工的积极性，甚至产生部分趋炎附势、见风使舵的小团体，不再关注真正的业绩贡献。

④考核结果不客观。或是因为考核结果由领导想当然地给出，难以服众；或是因为考核权重设置不合理，导致管理重点和实际考核重点不一致，使得考核结果与贡献的价值不匹配；或是因为计分原则不合理，导致考核分数分布要么过高，要么过低，展示出明显的“一刀切”结果，无法真正识别人员贡献的差距，打击了员工士气。

⑤考核规则不合理。规则设计者掉进了算法陷阱，过分计较分数上的细节得失，忽略了业绩价值中不可能被完全量化的隐性部分，考核又无法实现绝对公平，最终因小失大、方向偏离、考核失效。

（2）第二类：实施机制异常

①执行方案不合理。跟踪周期间隔过长，导致绩效行为监控不

力，无法真正起到支撑效果；或是跟踪周期间隔过短，导致被考核部门被催过紧，产生逆反心理，影响工作态度；或是改进环节设置不当，导致未按照80/20原则对绩效异常人员进行重点跟进，改进投入产出比收益过低，效果缺失；或是缺少改进结果的督促保障措施，使得改进仅仅停留在表面，无法真正推行下去。

②数据收集不顺畅。数据收集流程不符合公司日常管理流程，导致需要额外增加许多工作量，使得数据收集不及时、不准确；或是数据收集流程设置不是由第三方而是由被考核者本人提供，被考核者又做裁判又做球员，出现数据造假、监守自盗的情况，使得数据的真实性缺失；或是由于日常管理缺失，基本的报表管理机制并未建立，大量数据缺失，为应付绩效管理而敷衍了事，导致数据的真实性和有效性缺失。

③人员执行不配合。因为前期沟通不彻底，使得人员的理解产生偏差，配合异常；或是因为本身流程设置有问题，导致额外增加了他人过多工作量，使得他人产生抗拒心理，不愿配合；或是因为员工本身较为懈怠，对绩效实施的意愿不足、内心抗拒、不愿配合；或是因为绩效实施触及部分人的根本利益，使得这部分人强烈抵制、不愿配合。

（3）第三类：激励机制异常

①人员赏罚不及时。因为管理者本身的态度或者能力缺失，导致赏罚的执行不及时；或是因为公司资源有限，导致赏罚的执行不及时；或是因为领导格局不足，不能及时遵守兑现承诺，使得赏罚的执行不及时。

②人员赏罚不合理。因为导向性错误使得赏罚错位；或是因为平均主义，导致赏罚不合理；或是因为管理者私心过重，撕毁兑现规则，导致赏罚不合理；或是因为管理者认知不足，随意践踏规则，导致赏罚不合理。

## 三、中小企业绩效管理问题解决方案

上述各类问题应如何破解？

1. 以终为始，科学实施绩效规划

（1）明确绩效管理的三类核心目的

第一类：开源节流。顾名思义，这类目的直指企业经营核心，即增加收入、降低成本，这是绩效管理的最高目的。

第二类：人才选拔。这类目的是在企业实际经营过程中由于阶段管理的需要，从对事的监控转移到对人的识别选拔，目的是保障企业的长期经营发展，通过绩效管理的方式，选拔能够帮助企业长期生存和发展的合适人才。

第三类：文化建立。目的是企业更长远的发展，即从人治过渡到法治，再进化到文治，用文化凝聚人心、促进企业绩效的持续达成。

（2）选择不同企业阶段的绩效管理重点

企业发展阶段分为四大阶段：生存期、发展期、成熟期、衰退期。不同企业发展阶段的绩效管理重点分别如下。

生存期的绩效管理重点是解决企业的订单问题、最基本的任务完成问题，此阶段的核心目标是使企业能够“吃饱穿暖”。

发展期的绩效管理重点是解决企业的发展问题，完成市场占领和人才供给，此阶段的核心目标是使企业能够快速扩张。

成熟期的绩效管理重点是解决企业的持续发展问题，完成市场稳固和人才升级，此阶段的核心目标是使企业能够长盛不衰。

衰退期的绩效管理重点是解决企业的二次激活问题，完成转型升级、凤凰涅槃，此阶段的核心目标是使企业能够“枯木逢春”。

（3）绩效管理的三大配套机制

①考核机制确定的操作依据

根据企业的发展阶段确定公司战略目标，依据战略目标明确实际考核导向。结合企业实际现状，盘点目标与现状之间的差距，确定符合SMART原则的各阶段考核目标，并依据公司的资金、人员、资源、管理基础、管理流程情况，设置相应合理的考核规则。最终确保考核目标的科学性、考核权重的合理性、计分原则的实用性，从而真正实现考核机制的相对公平。

②实施机制确定的操作依据

盘点企业管理基础实际、盘点企业发展现状、盘点企业人员现状，并结合上述信息确定合理的绩效实施改进执行方案，确保绩效结果和日常管理的有机结合，并不断督促管理者对绩效过程不断跟踪、反馈和改进，最终帮助团队达成绩效目标，从而真正使绩效管理有效。

③激励机制确定的操作依据

盘点企业实际物质资源、盘点企业核心文化要求、盘点企业人员现状，尤其要从人心、人性、需求、欲望角度出发，根据马斯洛需求原理建立起与之相匹配的物质激励、荣誉激励和精神激励体系，将绩效结果以正负激励的方式，及时有效地运用到企业管理中，兑现绩效激励，对全员产生持续激励、形成绩效文化、达成长期绩效目标，从而真正实现绩效管理的持续性。

（4）绩效管理规划的六大步骤

①明确激励目的

企业当下需要达到什么直接目的，就以什么目的作为绩效激励的阶段性方向。

②盘点权限资源

绩效推行者需要先根据组织和个人的权限资源进行详细盘点梳理，才能确定具体的绩效推动方式。

③选择推动方式

根据个人及组织的实际权限资源确定推动方式是从上至下、从下至上，还是上下结合。

④选择试点单位

根据公司当下最紧急重要问题点以及人员的配合度综合评估，选出合适的绩效试点推行单位。

⑤确定切入项目

根据见效速度、效益比以及推行者的擅长点综合评估，选出合适的切入项目，单点突破。

⑥输出绩效规划

根据上述五点，输出与之相配套的绩效管理三大机制和具体规划。

任何改革都是有风险的，推行前也需要充分评估推行风险，最佳方式是先小范围试行，小步快跑、充分试错，将异常控制在可控范围之内。待初见成效后，再提炼、总结经验，循序渐进地全面推行。

总而言之，绩效管理达到绩效激励阶段便达到了最高阶段，之后只需要解决以下六点即可。

· 激励什么？

· 激励谁、谁激励？

· 怎么激励？

· 怎么分配？

· 兑现之后效果怎么样？

· 有了效果如何持续？

2. 因地制宜，建立有效的考核机制

（1）不同绩效管理工具的对比

此处列举几种常见的绩效管理工具。

①工作计划法。这种工具简单粗放，以日常工作任务完成率为管理依据。优点是推行难度低、见效快、调整快、统计方便；缺点是容易使人迷失工作重点。不适合工作繁多的企业，多用于初创型企业或者绩效管理基础薄弱的企业。

②KPI。KPI以工作中的关键业绩指标为管理依据。优点是推行难度相对低、见效快、调整快，统计相对方便；缺点是存在管理缺失风险，容易使企业管理僵化，忽略了软性因素。不适合管理很成熟的企业，多用于处于快速发展阶段、工作重心不明确的企业或者绩效管理基础薄弱的企业。

③MBO。这是英特尔公司的目标管理工具，它以公司目标为导

向，分解出详细的关键行为支撑，并以此为管理依据。优点是目标明确、结果导向、便于绩效的衡量；缺点是对操作者的专业能力要求较高，对公司管理基础的要求相对较高，且容易使非重要行为指标过度发散，导致管理方向出错。不适用于处于快速发展期的传统行业，多用于初创型企业和成熟企业，或者项目型行业企业。

④OKR。可以理解为“谷歌版”的MBO，与MBO的相似度在90%以上。

⑤360°。国际上的全面评价管理工具，以全方位人员的评价为管理依据。优点是全方位评估相对全面、操作难度低、统计方便；缺点是因评价人本身态度和能力的问题可能导致评价结果不准确、绩效全面失真。不适合中国绝大部分企业（国情决定中国人多喜欢做老好人，或公报私仇，有失公允），多见于外企。

⑥BSC。即平衡计分卡，是目前市面上最健全、最完善的绩效管理工具，以财务、顾客、内部流程和学习创新四个维度为综合管理依据。优点是完全从战略规划角度和战术执行角度充分解读企业经营管理的全过程，非常完善；缺点是对管理基础的要求很高，且整个平衡计分卡的设计要求设计者对管理阶段重心的把控非常精准，并能随时根据实际情况适时调整，对操作者的专业水平要求很高。不适合初创型和处于发展期的企业，适合处于成熟期和衰退期的、管理机制健全的企业。

⑦积分制。平衡计分卡的变相版本。

⑧阿米巴。这是一种自负盈亏的经营管理模式，以利润为最终管理依据。优点是真正实现了多劳多得、全员经营，能充分调动员

工的积极性；缺点是核算机制相对复杂，且计算机制对公平性的影响很大，稍有不慎就会严重打击员工的积极性。不适合财务核算模式复杂的企业，适合门店式和事业部制，或财务核算模式相对简单的企业。

（2）八步建立考核机制

第一，考核标准的公平设计。考核标准的设计需要以终为始：企业需要什么便考核什么。考核标准是动态变化的，不同时期、不同部门、不同岗位、不同地区、不同情况下考核的指标、目标值、权重、计分原则、上下限设置、数据来源等要素都需要因时、因事、因士而异，切不可“一刀切”。设计考核标准时要采用逆向思维，即在标准设立完成后，反问指标的合理性和明确性。

第二，指标提取的两种思维。

标准思维提取方式：永远关注经营管理的六大关键要素，即工作交期、工作质量、工作成本、工作效率、工作士气、工作安全，根据每一项工作的这六个要素提取考核指标。

导向思维提取方式：摒弃部门和岗位的传统概念，全员关注企业管理重点，要什么指标就考核什么指标，力出一孔。

第三，指标筛选的三大步骤。①根据考核目的确定指标项目。②根据管理重心确定主次关系。③根据假设条件逆向盘点指标对考核目的和管理重心的影响，作出最终取舍。

第四，目标确定的两类标准。

挑战达成：此类标准是在评估过往数据的基础上，根据实际资源和能力情况设置挑战性目标。

经验评估：此类标准是在原有基础上，依据业界经验数据，设定每阶段递增15%。

第五，权重设计的两个技巧。

第一个重点是企业或者部门的阶段性管控重点按顺序排名，越重要的权重越高，反之则越低。

第二个重点是部门或者岗位的工作职责重点按顺序排名，越重要的权重越高，反之则越低。

第六，计分规则设计的四个原则。

区间分布合理原则：指的是要确保全员分数各区间分布的比例合理、符合公司的经营管理要求。

分数差距适中原则：指的是要确保全员分数的差距符合公司的经营管理要求。

公司极限控制原则：指的是要能预估到在公司实际情况下的分数上限，并设置规则、有效控制。

个人极限预计原则：指的是要能预估到在个人实际情况中的分数上限，并设置规则、有效控制。

第七，数据来源的三个选择。

上下游单位统计：根据业务和运营管理流程，由数据的上下游单位提供考核数据，确保考核的公平性。

系统统计：根据公司系统工具收集数据，使得数据及时准确，确保考核的公平性。

日常工作统计：从公司管理日常报表中收集统计数据，使得数据及时有效，确保考核的公平。

第八，模拟结果的逆向评估。当考核机制确定后，需要代入前期数据反向测算，模拟发现问题，检查是否存在考核分数“一刀切”的问题、是否存在考核分数“大锅饭”的问题、是否存在考核分数优劣颠倒的问题。

3. 灵活变通，切实推行实施机制

（1）绩效目标分解之道

目标分解需要以对人力、物力、精力、财力、资力五个方面的综合现状盘点为前提，遵循对目标有效分解、对人员充分授权、对内部求同存异、对全员信息互通、对目标结果为王的操作原则，确定包含实施目的、实施内容、实施人员、实施场合、实施周期、实施方式、实施程度的详细执行方案和细则。

在选人环节中，需要从品性、意愿、个性、潜力、能力几个方面综合评估，选择合适的实施人员。

（2）绩效执行的跟进之法

自上而下地检查绩效进度，自下而上地汇报绩效进度，上下结合地盘点绩效进度，自前而后地聚焦“死磕”进度，自后而前地查漏补缺，前后结合、天衣无缝地横向跟进执行。

把握住每月的关键数据核查、每周工作总结分析、每日工作日报收集、每时重大异常监控的重要时机，并对绩效执行状况进行详细跟进。

（3）绩效异常协调之术

针对绩效实施过程中的问题进行有效分类，问题主要包括以下四类。

该不该。此类问题属于权责不分明，是流程不明确的问题，调整流程和明确权责即可。

知不知。此类问题属于信息不通畅的问题，有效宣导、传达信息即可。

想不想。此类问题属于工作意愿的问题，通过奖惩机制改善即可。

会不会。此类问题属于工作能力的问题，通过培训机制改善即可。

4.照章办事，严格兑现分配机制

由于不同员工的价值认知、思维模式和行为习惯不同，根据马斯洛需求理论，分配机制需要站在被激励对象的角度换位思考，这种机制必须符合有针对性、有层次感、有满足感三个核心原则，否则激励便是主观臆测，违反了人心、人性、需求、欲望的基本原理。

（1）选择合适的人员

根据职务、岗位、行为和资质确定激励的目标和范围，同时根据公司实际确定激励的目标比例。

（2）选择合适的时机

小型激励要起到“及时雨”的作用，激励的兑现周期越短越好、越早越好，最好是马上激励。中型激励要起到让人有荣誉感的作用，激励的兑现周期一般以月和季为主，需要适当酝酿，给人以期待。大型激励要起到仪式感的作用，激励的兑现周期一般以期和年为主，需要厚积薄发，给人以惊喜。

（3）选择适中的额度

激励的额度需要结合公司资源、部门资源和员工需要综合评估，争取“好钢用在刀刃上”。一般而言，激励分为三大类，即物质激励、荣誉激励、精神激励。

随着社会经济的发展，在以“90后”“95后”员工为主的扁平化组织架构企业中，所有员工都需要物质、荣誉、精神激励。

（4）选择适当的场合

根据需要激励的对象、时机、资源以及想达到的最终激励效果，合理选择激励的场合。包含公开场合和私下场合、整体场合和局部场合、线上和线下、内部和外部、正式场合和非正式场合。

总之，绩效管理机制的有效建立离不开绩效考核、绩效实施、绩效激励三大机制的有机结合，三者缺一不可。

# 目　录

CONTENTS

第一章

# 绩效管理规划的操作思路

几乎每家公司都在谈绩效，但真正能够推行落地的却很少，甚至可以说，绩效是整个人力资源模块中落地情况最不理想的。绩效要么沦为形式主义，成为每月的例行“走过场”；要么在推行的过程中遇到各种阻挠，最终“胎死腹中”；或者初期推行成功，但却难以维持长期的激励效果。

为什么绩效管理如此艰难？

做任何事，先要明确方向，然后再寻找方法，然而许多人在做事的时候却容易反过来：接到一件事后，第一反应是这件事怎么做，而不是该不该做、能不能做。

笔者之前很多学员都只关心这样的问题：

我们的理财人员绩效指标怎么做？电商绩效考核怎么做才合理？新入职一家新单位，老板要求开展绩效工作，要怎么做？等等。

以上问题都是关于要怎么做的，学员并不知道为什么要做、要达到什么目的。这是个误区，因为在不同的情况下，提取的指标标准差异很大。

因此，本章将重点讲述绩效管理规划的操作思路、确定绩效管理的方向。

第 1 节

# 绩效管理规划的误区

在人力资源管理的所有模块中，绩效模块是推行情况最不理想的模块之一：几乎每家公司都在谈绩效，却很少有能真正落地的。原因是大家在做绩效管理规划的时候容易陷入以下误区（如图 1–1 所示）。

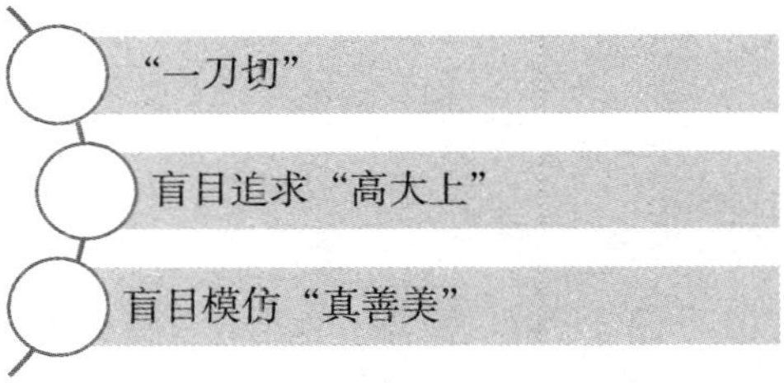


图 1–1　绩效管理规划的误区

## 一、"一刀切"

市面上有非常多的绩效管理工具，如 BSC、MBO、OKR、360° 测评，等等。但是在不同的企业、不同的行业、不同规模的企业甚至不同的部门中，绩效管理的定位都是不一样的。在实际绩效管理过程中，没有任何一个工具可以适用于所有企业、所有行业、所有部门，甚至绩效推行的不同阶段。千万不要迷恋绩效工具，不管形式是什么样的，只要最终有效、合适就行。

## 二、盲目追求“高大上”

切忌盲目追求“高大上”的工具，而忽略工具对于自己公司的适用性。

一个工具可能曾经在一定的时间、周期范围内，在某个特殊的场景，甚至某一类场景下，适合过某一类企业，因时、因人、因事、因地，被证明行之有效。但这种有效性是基于某些特定的场景，或者说某一类、某几类特定场景的。如果没有掌握工具的核心逻辑，不知道他人使用时的背景，贸然使用，很可能难以用好。

比如OKR在谷歌的推行很成功，是因为它和英特尔在某些地方很像，如果制造业公司使用OKR，效果就很难说了。

所以，并不是越“高大上”的工具越好用，不要盲目追求绩效考核工具的“高大上”，合适就行。

## 三、盲目模仿“真善美”

这里的“真善美”指的是片面追求考核的“大而全”，而不考虑公司的发展阶段。不管是初创型的企业、发展中的企业、成熟型的企业，还是衰退中的企业，都要做到面面俱到。为什么BSC在很多企业推行不下去？因为它实在是太完善了，对企业的推行要求和文化要求非常高，它需要企业具备足够的标准化水平，并且企业成员间的配合足够默契，甚至战略的分解足够清晰、足够明确，每一个细项都分解得很详细。

要根据公司的实际需要设置相应的考核指标，切忌盲目追求“大而全”。

## 第2节

# 绩效管理的三类核心目的

不同企业发展阶段的绩效管理重点有以下几类。

生存期企业的绩效管理重点是解决企业的订单问题，即最基本的任务完成问题，此阶段的核心目的是使企业“吃饱穿暖”。

发展期企业的绩效管理重点是解决企业的发展问题，即市场占领和人才供给，此阶段的核心目的是使企业快速扩张。

成熟期企业的绩效管理重点是解决企业的持续发展问题，即市场稳固和人才升级，此阶段的核心目的是使企业长盛不衰。

衰退期企业的绩效管理重点是解决企业的二次激活问题，即实现转型升级，此阶段的核心目的是使企业“枯木逢春”。

各个公司推行绩效管理的目的不尽相同，但总结起来不外乎以下几个方面。

先从展现形式上看。

## 一、展现形式

一般来说，绩效管理有以下三种展现形式（如图1–2所示）。

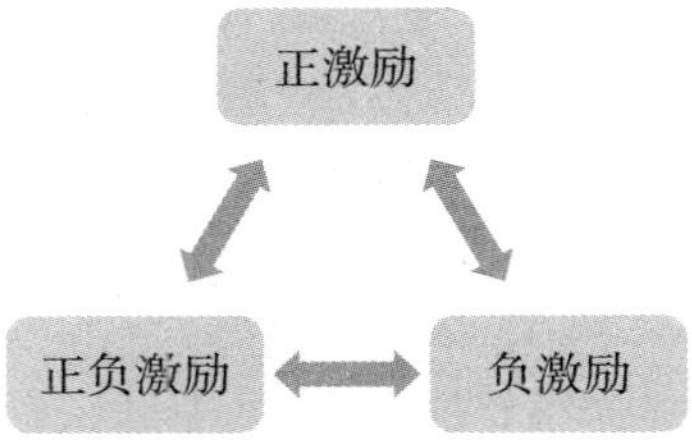


**图1–2　绩效管理的三类核心目的（展现形式）**

### （一）正激励

正激励就是奖励。有的公司推行绩效管理的目的是调动员工的积极性，并不进行处罚。

### （二）负激励

相反，有的企业，特别是一些中小型企业的老板推行绩效管理的目的就是扣钱。老板认为员工工作出工不下力，于是通过负激励给员工施加压力。笔者曾在一家30人左右的企业供职，老板说要推行绩效考核，进行文化建设，然而考核表单上全部是扣分项。

负激励在有些公司的某些特殊情况下、特殊时期可以使用。

### （三）正负激励

还有一些相对比较正规的公司，会使用正负激励的绩效考核方式，即有奖有罚。

## 二、内部原因

推行绩效管理的目的，从公司内部的角度出发，无外乎以下三个原因（如图1–3所示）。

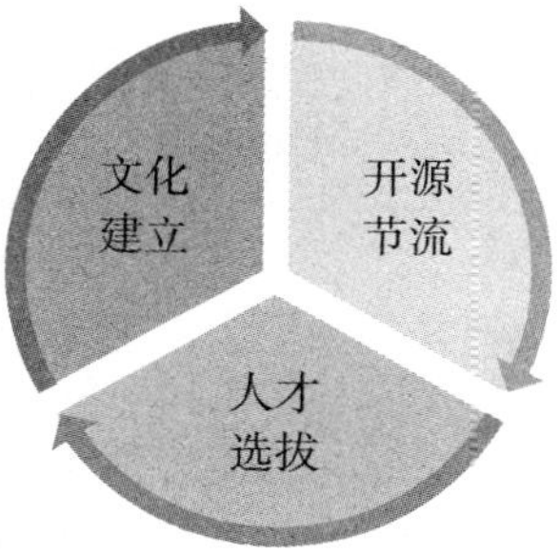


图1–3　绩效管理的三类核心目的（内部原因）

### （一）开源节流

企业最核心的目的是盈利，所谓企业盈利就是要开源节流，即增加收入、降低成本，这是企业最终极的目标。

### （二）人才选拔

有些企业在解决盈利问题后要进行人才培养、人才选拔，于是通过绩效管理进行考量，并将结果作为晋升和选拔的依据。笔者曾经供职的某公司一开始做绩效的目的就是选拔人才，因为当时摆在公司面前最严重的问题就是没有一个良好的人才选拔机制，这个问题导致公司整个人力资源工作的方向出现偏离，人都用错了。

### （三）文化建立

有些公司规模大了，或者老板比较有追求，就会觉得公司需要进行文化建设，营造一种氛围以提升团队凝聚力，或满足各种各样文化层面的需求，开始追求精神文明。

目的不同，推行绩效的方法则完全不同，具体内容将在后文详细讲解。

# 第3节

# 绩效管理规划的三大机制

在明确绩效的核心目的后，就要进行绩效管理规划，主要规划三方面的内容（如图1–4所示）。

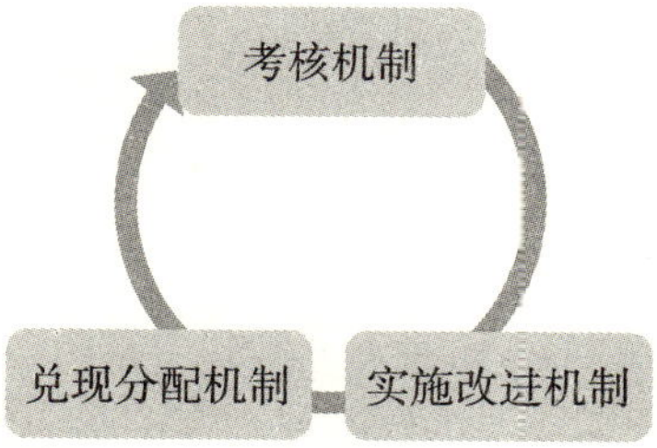


**图1–4 绩效管理规划的三大机制**

## 一、考核机制

考核机制是标准。比如指标设定方式、权重分配、考核项目、积分原则、数据收集方式、公式方式、核实方式，等等，都是考核机制。设计考核机制时要注意确保标准的公平性。

考核机制确定的操作依据如下：根据企业的发展阶段确定公司战略目标；依据战略目标明确实际考核导向；结合企业的现状，盘点目标与现状之间的差距，确定符合SMART原则的各阶段考核目标，并依据公司资金、人员、资源、管理基础、管理流程设置合理的考核规则。最终要确保考核目标的科学性、考核权重的合理性、计分原则的实用性，从而真正实现考核机制的相对公平。

## 二、实施改进机制

实施改进机制指的是管理机制，即绩效实施过程中的绩效达成策略，比如可以落实为各部门的月计划、周计划、日计划。笔者之前供职的某公司为什么能够将绩效管理顺利推行下去？其中的根本原因之一，就是数据来源非常有效——各部门的日常管理报表，既不增加部门额外的工作量，人力资源部门又可以实时监控。

实施改进机制解决的是能力问题。当他人配合推行绩效工作，也愿意为了分配机制提供的激励而努力时，在达到目标上，还需要实施改进机制给予支撑。

实施改进机制确定的操作依据如下：盘点企业管理基础实际、盘点企业发展现状、盘点企业人员现状，并结合上述信息确定合理的绩效实施改进执行方案，确保将绩效结果和日常管理有机结合，并不断督促管理者对绩效过程不断跟踪、反馈和改进，最终帮助团队达成绩效目标，从而真正使绩效管理有效。

## 三、兑现分配机制

兑现分配机制也就是激励机制。当他人配合推行绩效工作，并且达到或超过标准时，为保证工作配合和工作达标的行为持续，要给予适当激励。

考核机制、实施改进机制、兑现分配机制分别对应绩效的三个阶段：考核阶段、管理阶段、激励阶段。

这三个机制构成整个绩效管理规划的三大机制，任何一个机制出现偏差，都会导致整个绩效管理失效。

如果因考核机制不公，平时工作表现很优秀的员工在考核中分数偏低，平时工作表现一般的员工在考核中分数却很高或二者考核分数相同，就会造成绩效管理流于形式。

当你发现目标的设定很合理、激励机制也很诱人，但就是达不到效果时，就表示管理机制，也就是实施改进机制出了问题。

同样，如果你发现大家的绩效目标已达成，但是两个月后却没有人再继续配合推行了，那很可能是兑现分配机制出了问题。

兑现分配机制确定的操作依据如下：盘点企业实际物质资源、盘点企业核心文化要求、盘点企业人员现状，尤其要从人心、人性、需求、欲望的角度出发，根据马斯洛需求原理构建起与之匹配的物质激励、荣誉激励和精神激励体系，将绩效结果以正负激励的方式及时、有效运用到企业管理中，兑现绩效激励，对全员产生持续激励，形成绩效文化，达成长期绩效目标，从而真正实现绩效管理的持续性。

## 第4节

# 绩效管理规划的六大步骤

绩效管理规划指的是对方向的确定，接下来，我们就了解一下在实施之前需要做好哪些准备工作。

要做好绩效管理规划，需要遵循以下六个步骤（如图1-5所示）。

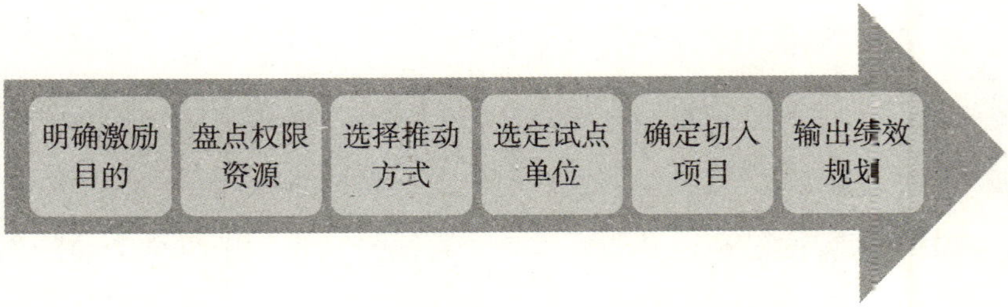


**图1-5　绩效管理规划的六大步骤**

## 一、明确激励目的

先确定激励的目的，即是为了正激励、负激励还是正负激励，同时，目的是盈利、开源节流，还是人才的选拔、建立人才的评判标准，或建立某种文化氛围。

笔者曾经供职的企业之前做绩效的目的并不是增加收入或降低成本，最核心的目的是两个：推行的第一年是人才选拔，推行的第二年，核心目的就不是人才选拔了，而是营造“狼性”氛围，推行末位淘汰制。通过绩效的不断鞭策、不断激励、定期淘汰、定期评比，督促公司所有人前进成长。

## 二、盘点权限资源

明确目的后，就要盘点权限和资源，确定在权限范围内能够给予的激励。

沿用前例，权限和资源的盘点结果不是特别乐观：第一，当时笔者只是一个名义上的主管，实际上就是专员，对外连主管都不算；第二，公司内部其他部门的员工都非常强势，对推行绩效不屑一顾，有的部门负责人认为绩效是部门“内务”，不愿意人力资源部门“干涉”；第三，笔者人微言轻，唯一能给予笔者支撑的就是自己部门的领导，但他也只有奖励权，没有惩罚权，而且奖励权很小。

以上都是劣势。

但是在盘点的时候笔者也发现了几点优势：第一，虽然能申请到的奖励微乎其微，但是如果做好激励设置，这一点奖励也能发挥大作用；第二，笔者当时的工作相对比较自由，可以去各部门“串门”，领导也比较支持，并没有在绩效推行的初期给予笔者很大的压力，否则以笔者当时的权限，是很难推行下去的。

## 三、选择推动方式

盘点完资源之后，就要开始思考并选择推动方式了。如果推行绩效的主导人比较强势，在公司又有话语权，员工的执行力很强，就可以选择自上而下的方式，即从高层到中层，再到基层的方式推动绩效，这种方式的效率最高，但难度也最大。

当形势不容乐观、推行绩效的权限和资源都不充足、HR在公司的地位不稳固、公司的执行力还不够强的时候，就可以选择自下而上的方式，放低姿态，在基层小范围内进行试点，成功后再层层向上推进。

绩效管理不是HR部门一个部门的事情。如果真的想把绩效管理做好，光靠HR一个部门是难以成功的，因此需要寻找“同盟军”。

在选择推动方式时，先不要触碰中层和高层的利益。同时，在推行绩效管理的时候，一定要充分了解对方心里在想什么、可能触碰到对方的什么利益，是物质利益、荣誉利益，还是精神利益。

先不要在中层和高层推行绩效，而要以基层为切入点，先考核基层、管理基层、激励基层。

当绩效推行在公司有了一定氛围，或者做出了一定规模之后，再上下结合地推行。如果已经在高层和基层中顺利推行，只剩下中层，此时就可以上下结合地推行了。

推动方式的选择取决于公司实际氛围。一般情况下，在刚推行绩效的时候，建议采取自下而上的方式，不要在推行绩效的初期就自上而下地推行或全员推行，那样很可能会快速碰壁。

## 四、选定试点单位

在明确了目的、盘点完资源权限、确定了推动方式之后，就要选择配合的人、选择试点单位。为什么要选择试点单位？绩效管理机制涉及公司的所有人、涉及公司的方方面面、涉及几乎公司的所有人的利益，所以一定要慎重。

任何理论机制没有经过真正的实践检验都难以确保一定不会出现问题。因此，进行绩效管理的机制推动是一个很严谨的过程。推动绩效管理时可以把它做成一个项目——绩效管理的项目。

一旦选择好试点单位，就要私下推行。绩效政策只需与试点部门的负责人沟通，或者和部门核心员工私下沟通，不需要召开大会，最多召开小会，向自己部门的领导进行汇报。

## 五、确定切入项目

此处把确定切入项目放在了第五步，但有的时候，可能会把它放在第三步，即放在盘点权限资源以后、选择推动方式之前。

比如考核目的、激励目的是增加收入的，就只能以销售为切入项目，此时这一项就直接放在最前面，不能放在后面。

放在后面的前提是：目的不仅仅是收入，还有人才的优胜劣汰，或者建立氛围等相对比较难以量化、难以衡量的目的，老板的要求很多且不是很明确、不知道该怎么选择，只有在这种时候，才在这个阶段确定切入的项目。

为什么在绩效管理规划中先选人、选方式，然后再确定项目？因为所有的事都是人做的，如果没有部门给予配合，你就很可能需要承担失败的风险。

比如盘点后如果发现只有采购部门的负责人愿意配合你，你选择一个增加收入的项目进行切入就不太合适。

因此，这个时候要“因人设事”，假如选择的是采购部门，那么就要在老板关注的事情当中选择与采购相关的、采购部门负责人比较关注的、最好也是采购部门员工关注的项目进行切入。

切入点的选择至关重要，在实操过程中很容易失败。比如前面工作一切顺利，但是选错了项目，导致无人配合；或者选中的试点单位虽然很配合，可是由于项目选错了，导致目标不能达成，整个项目激励失败。

确定切入项目时，还需要考虑试点单位的人员水平。

如果你选择的部门的整体管理和人员能力水平较差，在开始推行绩效时就不要选择高难度的项目，而且前期要营造氛围，要以正激励为主，先树立信心，后期再选择你真正关心的项目。

笔者曾供职的一家公司，某高科技制造行业工厂，人员数量不多，笔者过去之后发现公司存在诸多问题，其中很致命的两条是，第一，员工流失率居高不下；第二，员工人均劳动效率极低。

后来分析得出主因：现有薪酬绩效采用加班费制，干好干坏在待遇上相差不大，于是大家都去挣加班费，而不是提升效率。当时公司正好在谈一个大项目，如果谈下来，将是我们一年的营业收入，所以老板非常关注这件事，亟须做绩效管理。

于是笔者先把不利的情况摸清，然后和这些部门的人员私下沟通，听听他们的抱怨和痛点。果然，不管是员工也好，主管也罢，对这种情况都或多或少有所不满，觉得缺乏激励。最后，笔者通过引导性的交流和部门主管达成了两点共识，并对其中一个车间进行了先行调整。

## 六、输出绩效规划

前五个步骤明确后，才算“谋定”，可以“后动”了，即输出整个绩效规划，也就是三套机制的具体推行方法（如图1-6所示）。

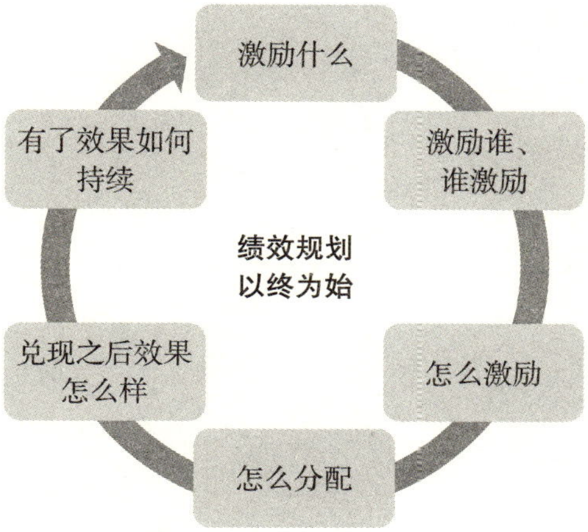


**图1-6　绩效管理规划核心**

绩效规划的核心是以终为始，也就是想要激励什么就做什么。所以要先明确激励什么，之后确定激励谁、谁激励。明确了之后再开始确定具体通过什么方式进行激励，接下来再设计分配方式。分配结果兑现之后，要确认是否达到了激励效果，如果激励有效果，就要考虑如何让效果持续、形成标准、运用到其他项目上了；如果没有达到效果，就要反思为什么没有达到效果，然后进行调整。

综上所述，要做好绩效管理规划，需要注意以下几点。

1. 在进行绩效管理规划时，要根据公司实际情况选择工作方式，切忌“一刀切”，盲目追求“高大上”，盲目模仿“真善美”。

2. 要先确定绩效管理的目的，是正激励、负激励，还是正负激励？是为了开源节流、人才选拔，还是建立文化？要根据不同的目的适用绩效管理规划的三大机制。

3. 考核机制、实施改进机制、兑现分配机制构成绩效管理规划的三大机制，缺一不可，任何一个出现问题，都会导致绩效管理的失效。

4. 应通过明确激励目的、盘点权限资源、选择推动方式、选定试点单位、确定切入项目、输出绩效规划的六大步骤、做好绩效管理规划。

第二章

# 绩效机制设计的操作步骤

很多HR在推行绩效的过程中会遇到以下情况。

大家的绩效分数差不多，不管做得好还是不好，绩效结果都是一样的。

部门提供了绩效考核分数，但绩效考核部门不知道绩效数据源于哪里，只能被动接受。

收集数据信息时，用人部门说：公司花了十几万元才得到的数据我能给你吗？嗯？好像可以，又好像不可以。

考核结果出来后，平时的优秀员工的分数反而偏低，导致优秀员工心生不满。

部分考核指标员工永远达不成，员工越做越懊恼。

绩效推行开始时全员激动，但推行了一段时间后就无人配合了。

为什么会出现以上问题？很可能是考核机制的标准、考核过程中的控制机制、改进机制及考核结果出来后的兑现出了问题。那么，三大机制应该怎么设定呢？

本章将教你设计一套能够落地的绩效机制。

## 第1节

# 考核标准机制的公平性设计

考核标准机制设计的核心在于让被考核人和考核人觉得标准公平。要保证标准公平，就要满足以下三个原则（如图2-1所示）。

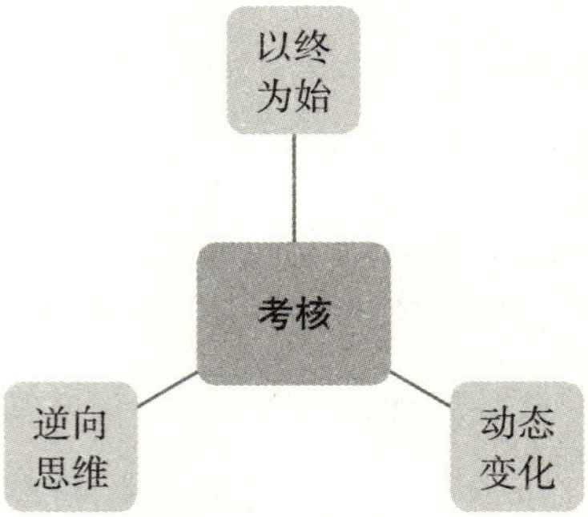


图2-1　考核标准机制的公平性设计

## 一、以终为始

考核机制和工作、生活一样，都要提前设定好明确的目标，以终为始，才不会偏离目标。

以终为始强调的是方向的正确性——方向不对，努力白费。

先要依据公司战略明确公司推行绩效的目标是什么，是开源节流、选拔人才，还是建立文化？再依据确定的目标指导具体推行的考核标准机制的设计。以终为始的分析会使考核机制的方向明确，并提供明确的考量标准和具体的考核要求。

笔者曾经服务的一家快速发展的企业在业绩上每年都会翻番，但是在推行绩效管理的时候因为没有提前设定好目标、没有依据公司战略目标得出公司推行绩效的目标，在绩效管理实施过程中出现了很多问题：绩效激励机制不健全、有些激励不合理、有些激励偏离了方向等，导致员工积极性不高。

## 二、动态变化

考核要求和标准要随着企业的发展，进行及时调整。

在企业实际业务开展的过程中，往往要根据企业业务淡旺季需求的变化进行具体考核标准的调整——企业在淡季的时候更需要关注质量，而在旺季的时候需要更关注产量。由此可以得出，根据企业不同时间段所想要达成的不同目的，考核标准也要变化，不能一成不变。

## 三、逆向思维

标准设置成功后要进行反复推算。比如绩效考核分值在设置完成后要反问自己：这样的设置能不能达到自己想要的结果？

何为逆向思维？逆向思维也叫求异思维，是对司空见惯的、习以为常的、似乎已成定论的标准或事物或观点反过来思考的一种思维方式。

要敢于"反其道而思之"，让思维向对立的方向发展，从问题的反面进行深入的探索和验证，即从结论往回推，倒过来思考，从求解回到已知条件。反向思考和验证有时会使问题变得简单，使结论更加严谨和真实。

## 第2节

# 考核标准的设定步骤

明确以上三个原则后，就要进行考核标准的设定，考核标准的设定要从以下五点出发（如图2-2所示）。

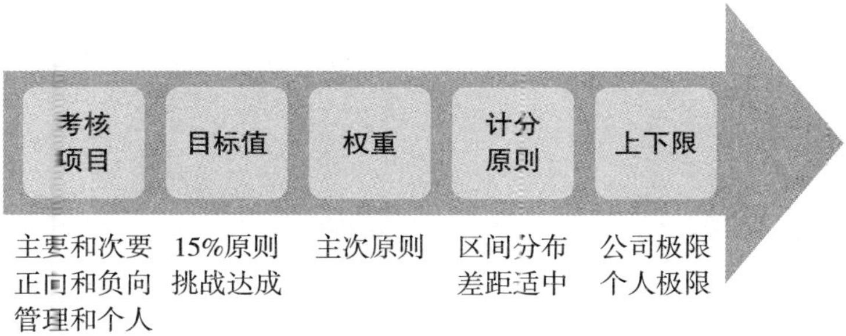


图2-2 考核标准的设定步骤

## 一、考核项目

### （一）主要项目和次要项目

公司所处的阶段不同，要求不一样，考核标准也不一样，标准的设定要符合动态变化原则，要分清主次，以公司当下最关注的项目为考核点。

如果公司处于发展阶段，规模不大，最主要的任务是提升业绩或者完成最核心的几个任务，那么考核项目就不需要设置得很全面，比较适合使用KPI进行考核，设置3—5个关键指标。

如果公司处于成熟期，比较正规，流程也相对复杂，那么只设计几项关键指标，就会导致管理缺失，需要根据情况增加指标。

对于只有20人的小公司来说，考核项目就是日常工作，如果非要用KPI来设置考核，反而会导致公司的杂事、小事没人做。

明确了企业在不同发展阶段的考核要求，还要分清楚主次关系，明确重要考核项目。在某个考核阶段、考核周期内，公司最关注、部门最关注的项目就是主要的项目，其他都是次要的。

生产型企业旺季订单多、交期紧张，就可以以“产量达成率”为主要考核项目，“质量达成率”可以适当放松。淡季订单少、对质量要求高时，则可将“质量达成率”设定为主要考核项目。

互联网行业的成本相对低，主要任务是增加收入，就可以以“销售额达成率”为主要考核项目，控制成本的项目则不用过于关注。

成熟型企业，不缺订单，但不赚钱，成本费用高昂，此时可以将“成本控制”设定为主要考核项目。

### （二）正向指标和负向指标

时下有很多公司用KPI进行考核指标的设置，但在设置时要注意区分正向指标和负向指标。比如计划达成率、交期、销售额这些比较容易衡量的为正向指标，越多越好；而工伤、重大客诉、不良率、投诉率等则为负向指标，越少越好。

对于一些不容易提取的指标，可运用结果倒推的形式进行提取，比如团队配合、5S管理等就可以运用逆向思维进行倒推——假如团队配合没做好会出现什么不良情况？假如5S没做好会出现什么不良情况？设定指标时可以从“团队推诿现象的发生次数、5S未达标次数”的角度出发，规定出现一次扣多少分。

### （三）管理指标和个人指标

绩效考核的指标除了针对个人的指标，涉及管理人员的，还需要设置管理类指标。

假设司一个开发部门有4人，人员构成为部门领导1人、其他员工3人，同时有4个项目正在进行，每人各自负责1个项目，那么3名员工的个人考核指标就可以从项目进度的关键点中进行提取，而部门领导的考核指标则不仅要从其个人负责项目进度的关键点中提取，还要从4个项目整体上的进度关键点中进行提取，提取后取加权平均值，作为该部门领导的考核指标。

## 二、目标值

提炼出考核指标后，就要进行相应的目标值确定，设定目标值时要遵循以下两个原则。

### （一）15%原则

15%是一个经验值，它与挑战的达成有很大的关系。

比如年度销售额的目标是500万元，但随着市场的变化和公司的发展，这个数值不可能一直不变，在没有充分的市场评估依据时，可以按照经验值，将增加15%后的数额确定为提升后的目标值。

### （二）挑战达成原则

挑战达成，此类标准是在评估过往数据的基础上，根据实际资源和能力情况设置挑战性目标。

目标值不宜定得太低，太容易达到的目标，会让员工失去奋斗的动力。目标值定得太高，则可能引发绝望而导致员工自我放弃，失去设置它的意义。太高或太低都会导致很多负面情绪产生，不利于绩效的推动。因此，目标值要以稍微努力一下就能达成为佳。

## 三、确定目标值的权重

权重的确定与考核项目类似，要根据公司实际情况适当进行调整，根据不同岗位的职责重心，将当前阶段必须做的关键事项的权重设置得高一些，将次要事项的权重设置得低一些。

以采购岗为例，该岗位的职责要求包含：采购商品及时、适量、成本低，以及新供应商开发等内容。但实际工作中，物品采购的及时、便宜、质量好是更重要的事项，新供应商开发相对比较次要，此时就可以将采购商品的数量、及时率和成本控制率的权重设置得高一些，将新供应商开发的权重设置得低一些。

如果目标值的权重并不依据岗位价值来分，而是均分权重，就可能导致一个非常优秀的采购因为不擅长新供应商开发而在绩效上得低分，进而导致绩效考核不公平。

权重设置的来源有二：第一，公司在本阶段内关注的重要项目的权重应设置得较高；第二，在成熟企业中，体现岗位价值和个人价值的项目的权重应设置得较高。

## 四、明确计分原则

在计分的设定上要把握两点，即注意区间分布和差距适中，不能让绩效管理成为平均主义，即所有人的分数算下来都一样。

例如：公司员工可分为A/B/C/D四类，在确定每一类有多少人、分别应该计多少分时，需要用逆向思维推算、用积分标准对应，每加一项增加多少分、每少一项减少多少分。要确保各个分数段的区间分布合理、能拉开差距。

## 五、确定上/下限

考虑公司极限，不能将分数无限加高，要设置最高分数。

考虑个人极限，确定每个人最多可以获得的分数。

例如，每月新员工入职培训成功，一个人加多少分——这看似没有上限，但实际上，一个人的精力有限，一个月内的入职人数也是有限的。

下面通过案例进行详细解读。

表 2-1　文案专员月绩效考核表

| 姓名 | 工号 | 定量指标 | | | | | | 定性指标 | | | | | | 考核结果 |
|---|---|---|---|---|---|---|---|---|---|---|---|---|---|---|
| — | — | 网站销量达成率（40%） | | | 网站点击率提升率（30%） | | | 策划撰写完成及时率（15%） | | | 文案一次性通过率（15%） | | | — |
| — | — | 工作实绩 | 目标值 | 得分 | 工作实绩 | 目标值 | 得分 | 工作实绩 | 目标值 | 得分 | 工作实绩 | 目标值 | 得分 | — |
| | | | | | | | | | | | | | | |
| | | | | | | | | | | | | | | |

| 指标类型 | 考核项目 | 考核细则 | 数据提供部门 | 数据来源 | 考核人： |
|---|---|---|---|---|---|
| 定量指标（70%） | 网站销量达成率 | 达成率计算公式：当期网站销量/当期目标销量 ×100%。<br>1. 每低于目标值1%，加 ×× 分。根据公司能接受的底线，反推积分的设定。<br>2. 每高于目标值1%，加 ×× 分。根据公司能给的上限，设定加分原则、决定是否置设上限。 | 销售部门 | 销售后台数据 | |

**续表**

| | | | | | |
|---|---|---|---|---|---|
| **定性指标（30%）** | **网站点击率提升率** | 提升率计算公式：（当期实际点击率 – 上期实际点击率）/ 上期实际点击率 ×100%。<br>1. 每低于目标值 1%，加 ×× 分。根据公司能接受的底线，反推积分的设定。<br>2. 每高于目标值 1%，加 ×× 分。根据公司能给的上限，设定加分原则、决定是否设置上限。 | 后台部门 | 后台数据 | 审核人： |
| | **策划撰写完成及时率** | 及时率计算公式：（计划完成天数之和 – 实际完成天数之和）/ 计划完成天数之和 ×100%。<br>1. 每低于目标值 1%，加 ×× 分。根据公司能接受的底线，反推积分的设定。<br>2. 每高于目标值 1%，加 ×× 分。根据公司能给的上限，设定加分原则、决定是否设置上限。 | 本部门报表记录 | 工作计划 | 核准人： |
| | **文案一次性通过率** | 通过率计算公式：一次性通过数量 / 当期总数 ×100%。<br>1. 每低于目标值 1%，加 ×× 分。根据公司能接受的底线，反推积分的设定。<br>2. 每高于目标值 1%，加 ×× 分。根据公司能给的上限，设定加分原则、决定是否设置上限。 | 本部门报表记录 | 工作计划 | |

*注：上表为文案专员的考核表，其岗位职责是保证营销软文的质量，目的是提高网站的点击率和销量。因此，考核项目应从文案的岗位职责入手，以 KPI 的形式，将考核指标分为定量指标和定性指标两类。

定量指标：以结果衡量，分别从网站销量达成率和网站点击率出发，确保结果的达成。网站销量达成率是最终的结果，是主要项目，权重设置为40%；网站点击率是确保销量达成的途径，与销量的结果相比相对次要，权重设置为30%。这两点都是该岗位的价值体现，其中一个是另一个的过程。

定性指标：从两个日常工作，即策划撰写完成的及时率和文案一次通过率入手。及时完成策划撰写和文案质量的目的是帮助提高网站的销量和点击率，也是保证点击率目标达成的方法。用逆向思维倒推，岗位存在的目标是让网站销量达标，销量达标需要点击率的保证，点击率的保证需要文案质量，文案质量的前提是撰写完成及时率达标，这就是从过程一步步验证结果。

目标值：目标值要根据公司实际情况设定，它代表公司的实际水平。无法确定目标值的可以参考行业标准（如代工业的利润率为5%—8%），但最可靠的是依据公司的历史数据，结合15%的原则进行分析。在基于历史数据对现状进行盘点后，找出现存的问题，对于从哪些方面可以做出改善、有多少改善空间，在确定目标值时就大概已经知道了，并给出改善对策，得出做好这几项工作可以将目标值提升到百分之多少。

## 案例智库

· 考核流程

· · 确定绩效方案

根据公司发展对员工的要求和期望，七职等（含）以上员工由员工发展主导，会同各部门主管和员工共同商定工作绩效指标并衡量标准与权重，经公司领导裁决最终确定。七职等以下员工由部门主管主导，会同员工、员工发展部门共同商定工作绩效指标并衡量标准与权重，经公司领导裁决最终确定。绩效指标主要包括以下几方面的内容。

· · 定量指标：岗位核心任务指标，即KPI。

· · 定性指标：学习成长、创新改善、遵守公司价值行为准则。

· · · 副科长及以上所有员工须包含团队协作（即跨部门评比）一项。

· · · 副科长及以上干部须包含部属培养一项。

· · 否定性指标：员工绩效考核时该项不达标，则当月所有项目绩效积分清零；具体项目包括当月请假时间超过10天、当月被记过（含）以上处分。

· · 绩效积分的基础分满分为100分，等级比例值A∶B∶C∶D＝3∶3∶3∶1。

· · 绩效积分的权重分配：根据岗位的不同性质，定量指标的权重为70%—80%，定性指标的权重为20%—30%。

· 对应的绩效方案如下

第一，根据公司的目标采取定量＋定性的考核方式。

第二，定量指标为岗位的核心任务指标，即KPI。

第三，定性指标为学习成长、创新改善、遵守公司价值行为准则等。

第四，同时确定管理人员必须要考核的干部培养和跨部门评比（团队协作）两项。

第五，除了常规的考核指标外，还包括否定性指标，否定性指标是“高压线”，坚决不能触碰，触碰者绩效考核分数为0。

第六，积分的基础满分为100分，设置相应的等级比例值为3:3:3:1，此处涉及淘汰机制和强制性分配，必须有10%的垫底。

第七，定量指标的权重最低不能低于70%，定性指标的权重应设为20%—30%。

第八，注意管理岗定量指标的权重要比普通岗位低，而定性指标的权重更高。

在执行中，要保证绩效的落地，只有方案还不够，方案中还需要包括每项的落地条款，因此还需要实施改进机制。

## 第3节

# 实施改进机制的有效性设计

实施改进机制其实就是管理机制，是绩效过程中的跟踪改进，设置绩效过程中的管理改进机制时要注意以下几点（如图2–3所示）。

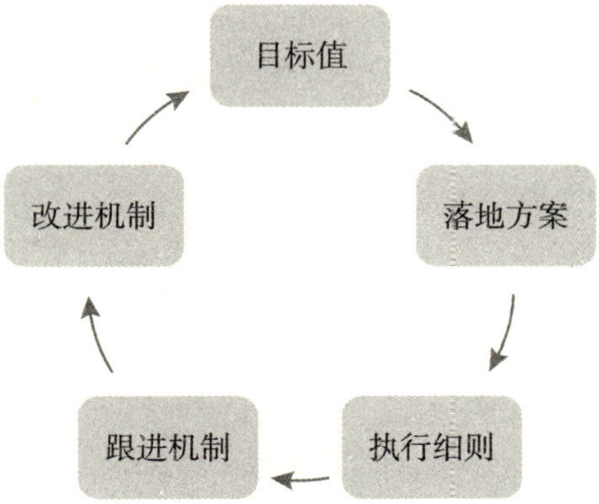


**图2–3 实施改进机制的有效性设计**

· 目标值：目标值必须合理、有效、能够达成、有挑战性。

· 落地方案：方案要进行层层分解。

· 执行细则：可用5W2H的方式描述执行细则。

· 跟进机制：即考核过程中的反馈跟踪。

· 改进机制：根据过程中发现的问题进行调整与异常处理，保证目标值达成。

## 案例智库

· 绩效考核

· · 绩效数据的收集（时间为考核月的月底20日前，节假日顺延）

· · · 绩效数据的收集与统计：由各部门主管统一安排人员负责维护页面的资料，如人员、职等、到职日期等项目有异动，需要部门按要求维护，确保数据计算的正确性。

· · · 绩效管理指标的相关数据需要第三方协助提供的，被考核部门应事先提醒相关部门负责人在指定日期前将数据以邮件或书面的形式提供（若对数据有格式要求，第三方应按要求处理）。

· · 上级主管的评价与确认（时间为考核月的月底22日前，节假日顺延）

· · · 为确保考核的公正性，考核人须对被考核对象的业绩信息有更全面、直观的了解，考核人与被考核对象的关系应该是直接上下级关系。

· · · 上级主管结合部门统计的数据，对照相关评分规则对下属进行评分，部门最高负责人须对下属的绩效考核结果进行最终审核，副总经理（含）以上干部对部门最高负责人的绩效考核结果进行最终审核。

· · 绩效结果的汇整与提报（提报时间为考核月的月底23日前，节假日顺延）

各部门助理在将经各主管审核完成的绩效考核结果提交给员工发展部前须再次确认，并按绩效系统要求进行汇整，绩效奖金按绩效奖金标准计算，形成汇整结果。

在数据收集时要规定明确、清晰的提交时间节点，并考虑异常情况，在节假日顺延。

数据应由各部门安排收集，并提出要求，确保数据的准确性，能从系统中导出的就从系统中导出，能从日常报表中导出的就从日常报表中导出。

被考核部门应提醒数据提供人在指定日期前以邮件或书信的形式提供数据，如有格式要求则按格式提供，并说明如未及时提供数据，要根据要求进行处罚。

---

在实际操作中，绩效数据的收集通常比较被动，所以要进行确认。

换位思考一下，对方为什么不愿意提供数据给你？那是因为对方觉得这是一件增加工作量的事情，很麻烦，但如果对方提供一份不够客观的数据给你，又会影响绩效考核的真实性。

因此，要要求被考核部门提醒数据提供人以邮件或者书信的形式提供数据，并且保证数据的严谨性。

为保证公平，考核应由本部门上级主管进行，如配合度、工作态度、完成及时性等。

应规定考核人与被考核人必须是上下级关系，不允许跨级评分，确保数据的真实与公正。

数据应层层上报，并在第三方数据全部收集完成前及时干预，从过程中监管，从每周提供的周报中监控，发现异常及时跟进处理，为避免异常过多，不能等所有人全部评价完才发上来。

应对绩效结果的汇报提审进行相应的规定。

## 案例智库

· 绩效管理

· · 计划跟进与调整（全过程）

在设定绩效指标时须充分考量一致性，考核内容和标准在短期内不能有大的变动，如在绩效计划执行过程中出现重大计划调整。重大调整是指以下情况：因公司营运情况变化，取消或新增权重大于20%的工作任务或现有任务权重变化（增减）超过20%。原则上由员工发展部组织在每季度最后一个月的中旬检讨绩效指标的合理性，当绩效考核实绩与目标产生重大偏差时，员工发展部应与相关人员检讨目标的合理性，并根据最终讨论结果调整绩效指标，呈报管理部门，经主管处审批后通告相关部门，并从下月起执行新目标。

· · 过程辅导与激励（全过程）

绩效在实施前及过程中，上级主管应跟进员工的计划执行过程，并就绩效问题与员工保持持续沟通，并定期（至少每个月一次）与员工一起就计划执行情况进行正式的回顾和沟通，帮助员工分析、解决计划执行中存在或潜在的问题。

· · 对绩效数据不实的惩处（时间为考核结果提报至员工发展处后）

绩效结果提报后，如发现绩效数据与实际情况有出入，一经确认，数据出入较小者可责令绩效数据提供人或单位查明实际情况并更正，已经错发的绩效奖金在对应人员的下月工资中扣除或补偿；数据出入较大者除更正数据、扣除或补偿奖金以外，还应将绩效数据提供人或单位的当月（或当季）绩效积分清零，情节严重者根据公司相关管理制度进行惩处，部门主管负连带责任。

对绩效考核要有计划地跟进与调整，当遇到公司经营变化或有重大情况时，要及时修改调整，为确保考核的合理性，应设定在每个季度最后一个月的中旬进行检讨。

在整个绩效考核过程中要做好辅导与激励，在绩效实施前和过程中要要求上下级主管跟进员工的计划执行过程与达成情况，并要求其每月最少与员工进行一次关于绩效的谈话，确保帮助员工分析问题、解决问题，但不要把全部希望都寄托在部门主管身上。

当过程的数据出入太大时，要找数据提供人或部门追责，确保数据不存在人为造假，从机制上对此进行规避。

## 案例智库

· 绩效面谈

· · 主管对直接下属的绩效考核结束后，须在一个月内对评价为A的下属进行绩效面谈，确认绩效考核结果，并鼓励评价为A的下属在部门内分享自己的经验；主管也须与下属共同制订绩效提升计划，持续提升员工的工作业绩。

· · 主管须在一个月内对评价为B/C/D的下属进行绩效面谈，

确认绩效考核结果，并协助下属共同确定绩效改进计划，提升员工的工作业绩。

---

以上就是绩效面谈机制，它主要根据绩效考核所得出的结果选择结果异常的人员进行面谈，确认考核结果，并协助其确定改进计划，帮助其提升工作业绩。

## 第4节

# 兑现分配机制的有效性设计

设置兑现分配机制时要注意以下四点（如图2–4所示）。

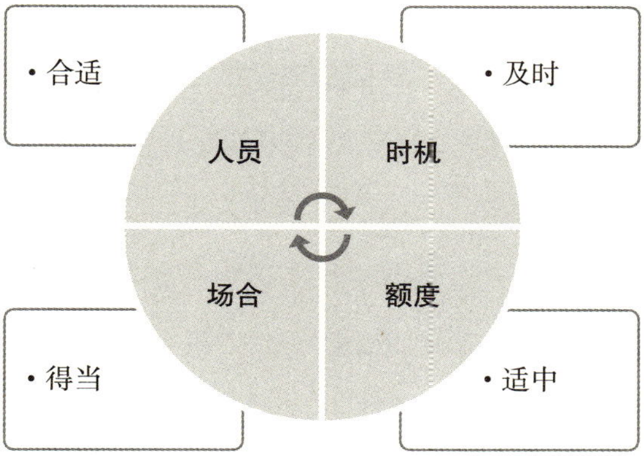


**图2–4 兑现分配机制的有效性设计**

## 一、奖惩时机要及时

奖励拖得太久会使员工的兴奋劲丧失，惩罚时间过太久则失去了意义，对员工起不到应有的警罚作用，所以在设计兑现分配机制时，要充分考虑到这一点，平衡好兑现奖励和惩罚的时间进度，奖励和惩罚都要及时兑现。

## 二、奖惩额度要适中

只有奖励在兴奋点以上的奖励才会让人觉得内心欣喜，而惩罚就要罚在人的痛点以上，只有这样才能达到惩罚的效果。

痛点就是让人非常苦恼、心里很痛的事。

兴奋点就是让人非常开心、愉悦的刺激和心理感受。

对此，本书后文会进行具体说明。

## 三、奖惩场合要得当

不管奖励还是惩罚，都要根据目的的不同及时兑现，有些适合在私下场合进行，有些适合在公开场合进行，要根据不同情况具体确定。

例如，公司想要树立根据年度考核指标推选出来的业绩标兵为先进典型，就可以在公司年度大会上进行公开奖励，也可以在公司网站或公众号上进行公开宣传，这种方式更有利于公司对于先进典型的宣传和激励。

## 四、奖惩人员要合适

如果奖励的人员太少，就会让员工感觉只有有限的一小部分人可以得到奖励从而丧失积极性；如果涉及人员太多则又会变成“大锅饭”，让员工失去努力的动力。所以奖惩的人员比例设置要根据公司的实际情况具体考量，既要让员工看到希望，又要让员工通过努力能达到。

## 案例智库

· 绩效考核积分是优秀员工评选、年终奖发放、职等职级晋升和调岗调薪的重要参考依据。

· · 优秀员工评选中的绩效考核结果应用具体标准参照《优秀员工管理办法》执行。

· · 年终奖发放中的年终绩效分数由员工年度平均绩效分数、主管评分、高层主管评估、关联部门评分等几部分组成，其中绩效分数对应的是员工年度的绩效积分平均值。

· · 职等职级晋升中评定标准所对应的绩效指标权重一栏，根据员工年度平均绩效分数得出最终分数，分别对应A/B/C/D四个等级，具体对应标准参照绩效奖金标准。

· · 绩效积分是员工调岗调薪的参考依据，具体标准参照《职等职级管理办法》。

· · 绩效奖金的发放人员按本部门绩效考核的积分大小选取，绩效奖金发放人数的比例原则上不超过本部门总人数的30%，特别优秀的团队可以适当提高发放人数比例。

· · 对于连续两个月在绩效考核结果排名D的人员，公司将视情况给予培训考核，如考核不合格，进行降级降薪或调岗处理。

以下是绩效考核的结果运用。

第一，考核结果是优秀员工评选、年终奖发放、职等职级晋升及调岗调薪的依据。

第二，针对每个点，可以再设定相关的管理办法，如优秀员工管理办法、年终奖发放办法、调岗调薪管理办法等。

第三，职等职级根据年度平均绩效分值确定，哪些人晋升、哪些人不晋升。

第四，绩效奖金的发放人员按本部门的考核积分大小进行选取，原则上以部门人数的30%为准，特别优秀的团队可进行适当提高。

第五，对于连续两个月考核结果排在末位的人员，应视情况进行培训考核，考核仍不合格的，进行降级降薪或调岗处理。

## 案例智库

· 绩效公布

·· 经管理部审核通过的绩效结果，由部门助理公布，现场部门张贴公示在本部门管理看板处，非现场部门须以邮件形式发送给部门内所有成员，并将电子文档存放在本部门公共盘中供员工查询。绩效结果必须在管理部审核通过后的第一周内以上述形式公布，且公布时长不得低于一周；对于未按要求及时公布，或者公布时长不足的部门，一经查实，将视情节轻重依照公司相关管理规定对责任人和责任部门主管予以惩处。

·· 由员工发展部视情形决定是否在公司公告栏处予以通报，

以激励员工提升工作业绩，逐步形成企业绩效文化。

以下是绩效结果公布的相关机制。

第一，经审核的绩效结果由部门内的助理负责公布，现场部门用公告张贴，非现场部门用邮件发送给每个人，并同时共享在部门内部的公共盘中。

第二，要在考核结果出来之后的一周内进行公布，且公布时间不得低于一周，未按要求公布的要对相应人员进行处罚与批评。

第三，依据实际情况，选择性地在公司公告栏进行绩效结果公布，形成绩效企业文化。

## 案例智库

· 绩效申诉

·· 员工对本部门主管绩效评定和考核结果连续两次有异议的，可向员工发展部提出申诉。在绩效结果公示后当月内未申诉的，视为接受绩效结果。

·· 申诉内容必须包含：工号、姓名、职位、部门、直接主管、联络电话及申诉理由，申诉理由要描述清楚。

·· 员工发展部接到申诉后，要向员工直接主管及相关人员了解情况、调查核实，视调查情况提交管理部门主管，并给出最终申诉结果。

· 标准与奖金计算

·· 评分按照绩效目标管理规则执行。

· · 绩效奖金分为月绩效奖金基数和调整部分，公司根据当月或当季实际盈利状况决定是否发放或调整部分奖金。

· · 绩效奖金计算方式

当公司盈利状况一般时，奖金=（当月积分/100）×月绩效奖金基数。

当公司盈利状况较好时，奖金=（当月积分/100）×（月绩效奖金基数+调整部分）

· · 部门提报的个人奖金超过奖金标准核算的最高额度规定时不予承认。

· · 文件管理

绩效考核完成后，各部门文员应将完整的考核材料原件（含纸档和电子档）递交至员工发展部存档，纸档须经部门经理或部门最高负责人签字确认，考核材料原则上不允许修改，如有特殊情况需要修改或重新记录，需要当事人签字确认。

---

最后再配以相应的绩效申诉机制、绩效奖金发放机制，明确员工对绩效考核结果有异议时如何进行申诉、在公司盈利情况好的时候奖金怎么发放、在公司盈利情况一般的时候奖金怎么发放等。

## 案例智库

### 表2-2 员工试用期满考核评定表

<table>
<tr><td>工号</td><td></td><td>性别</td><td></td><td>部门</td><td></td><td>入职日期</td><td></td></tr>
<tr><td>姓名</td><td></td><td>学历</td><td></td><td>岗位</td><td></td><td>转正日期</td><td></td></tr>
<tr><td colspan="8">工作实绩（员工本人填写，五职等及以上人员需附试用期工作总结）：</td></tr>
<tr><td colspan="8">试用期表现评定（部门主管填写，具体评分标准见下面附表）：</td></tr>
<tr><td colspan="4" rowspan="3">项目</td><td colspan="3">考评时间</td><td>平均得分</td></tr>
<tr><td>第一月</td><td>第二月</td><td>第三月</td><td rowspan="2"></td></tr>
<tr><td>月</td><td>月</td><td>月</td></tr>
<tr><td colspan="4">职业素养与品性（否定项）</td><td colspan="4">该项不计入平均分，当该项得分低于6分时，视为整体不合格（ ）</td></tr>
<tr><td colspan="4">工作效率及目标完成情况</td><td></td><td></td><td></td><td></td></tr>
<tr><td colspan="4">工作态度与责任心</td><td></td><td></td><td></td><td></td></tr>
<tr><td colspan="4">专业技能与业务水平（参照培训考核结果）</td><td></td><td></td><td></td><td></td></tr>
<tr><td colspan="4">团队协作与沟通</td><td></td><td></td><td></td><td></td></tr>
<tr><td colspan="4">学习领悟能力</td><td></td><td></td><td></td><td></td></tr>
<tr><td colspan="4">跨部门配合（主要关联部门评分，五职等及以上人员适用）</td><td></td><td></td><td></td><td></td></tr>
</table>

**续表**

| |
|---|
| 综合平均得分：（　　）分　评定等级：□不合格　□一般　□尚可　□良好　□优<br>（保留小数点后一位数字）　（不合格＜6分）（6分≤一般＜7分）（7分≤尚可＜8分）（8分≤良好＜9分）（9分≤优≤10分） |
| 部门主管评语及意见：<br><br><br>部门最高主管评语及意见： |
| 评定结果：　（　　）试用期终止　（　　）延长试用期　（　　）同意转正 |

**表2-3　试用期表现评定评分标准**

| 项目 | 极差（1—3分） | 差（4—5分） | 一般（6—7分） | 佳（8—9分） | 极佳（10分） |
|---|---|---|---|---|---|
| 职业素养与品性 | 1.完全或极少服从主管和公司的正常工作安排，或有明显抵触情绪<br>2.品性不端，经常搬弄是非，传递负能量 | 1.虽服从主管和公司安排，但常对正常工作安排表现出抵触情绪，影响工作<br>2.性格偏激，偶尔传递负能量 | 1.服从主管和公司安排，但偶尔会对正常工作安排有抵触情绪，影响工作<br>2.无明显性格缺陷，且不传递负能量 | 1.完全服从主管和公司安排、偶尔对工作发牢骚但仍会全力工作<br>2.品性端正，经常传递正能量 | 1.完全服从主管和公司安排、任劳任怨、从不找借口、全力工作<br>2.道德模范 |
| 工作效率及目标完成情况 | 完全不能或很少能按要求在规定时间内完成工作目标 | 在部分情况下能按要求或勉强能在规定时间内完成工作目标 | 在大部分情况下能按要求或基本能在规定时间内完成工作目标 | 在绝大多数情况下能按要求或完全能在规定时间内完成工作目标 | 在所有情况下都能按要求或经常超出预期标准完成工作目标 |
| 工作态度与责任心 | 1.月违纪一次及以上<br>2.月出勤率低于80%<br>3.在任何情况下都不能努力完成本职工作 | 1.试用期内违纪一次<br>2.月出勤率低于90%<br>3.必须在严格监督下才能努力工作 | 1.试用期内无违纪<br>2.月出勤率在90%以上<br>3.无须严格监督即能努力完成本职工作，但需要主管指派方能协助他人 | 1.试用期内无违纪、无缺勤<br>2.无须严格监督便能努力完成本职工作，并主动替他人分担部分工作 | 1.试用期内无违纪、无缺勤<br>2.无须监督即可全力以赴达成个人及部门任务目标 |
| 专业技能与业务水平（需参照岗位技能培训考核结果评定） | 1.完全不具备本岗位的专业知识与技能<br>2.无法有效利用所具备的知识技能开展工作 | 1.本岗位的专业知识和技能有明显缺失<br>2.只能完成本岗位的简单工作 | 1.基本具备本岗位的专业知识和技能，无明显缺失<br>2.能解决本岗位的一般性问题 | 1.具备良好的本岗位专业知识和技能<br>2.能解决本岗位大部分的复杂问题 | 1.具备很全面的本岗位专业知识和技能<br>2.在本岗位上几乎所有的问题都可以解决 |

续表

| 项目 | 极差（1—3分） | 差（4—5分） | 一般（6—7分） | 佳（8—9分） | 极佳（10分） |
|---|---|---|---|---|---|
| 团队协作与沟通 | 1. 无法与他人和睦相处或很难与他人配合工作<br>2. 很难将自己的目的表达出来、无法与他人达成共识 | 1. 能与他人和睦相处，但只有在强烈要求下才能与他人配合<br>2. 基本能将自己的目的表达出来，但较难与他人达成共识 | 1. 能与他人保持正常的工作关系，在一般情况下可以与他人配合工作<br>2. 能将自己的目的表达出来，在部分情况下能说服他人 | 1. 能与他人保持良好的工作关系，且能很好地与他人配合工作<br>2. 有较好的话术、能换位思考，并在多数情况下能说服他人 | 1. 能完全融入团队、妥善处理好人际关系且能调节与他人之间的矛盾<br>2. 有很强的语言艺术和说服能力，极少有沟通失败的经历 |
| 学习领悟能力 | 无法接受或很难掌握新的知识和技能 | 通过加倍努力能掌握新知识和技能，但很难举一反三 | 通过正常努力能掌握新知识和技能，熟练以后能灵活运用 | 无须很努力即可掌握新知识和技能，熟练以后能灵活运用 | 无须努力即可快速掌握新知识和技能，并能举一反三 |
| 跨部门配合（主要关联部门评分，五职等及以上人员适用） | 无配合，无法沟通交流，固执己见 | 很少配合，经常推卸责任，只有在强烈的要求和压力下才能配合工作 | 能完成基本的工作配合，但对于较难开展的工作会互相推诿，不能换位思考 | 能换位思考，接受并执行他人合理的工作要求，但缺少大局观 | 能从大局出发，完全以公司利益为导向，善于听取他人意见和建议，能很轻松地与人配合工作 |

试用期考核工作由部门主管具体实施，对试用期员工进行考核评分，并向人事部门提报考评结果，将考核结果及时告知被考核员工，与员工面谈，对表现异常的员工，要与员工共同解决问题。

该考核标准适用于处于快速发展期的企业，不适用于处于初创期和成熟期的企业。

试用期考核标准、基本目的、公司实际情况及对人才的要求都应随着企业发展的不同阶段进行调整。

综上所述，做好绩效机制设计，需要注意以下几点。

1.绩效考核标准的设置要符合以终为始、动态变化的原则，并用逆向思维进行验证。

2.绩效考核的标准要分别从考核项目、目标值、权重、计分原则和上下限几个方面进行考虑。

3.绩效考核实施改进机制要确保有效、可实行。

4.绩效考核兑现机制要从时机合适、额度适中、场合得当、人员合适四个角度出发。

5.设计绩效考核表时要分别配以相应的绩效考核方案，进行解说和异常的规避处理。

第三章

# 绩效落地实施的操作技巧

很多HR在推行绩效的过程中会遇到以下现象。

在做绩效考核时，绩效指标定得不少，可最后的绩效目标没有达到。

在推行绩效的时候以KPI为绩效考核工具，发现绩效推行不下去，换了MBO结果还是一样，最后不了了之。

企业做绩效的本来目的是激励员工、培养人才，结果实施了绩效之后，员工积极性反而持续下降，企业人员流失率升高。

有些企业对员工进行绩效考核，员工完成了部门的业绩目标，但考核得分比绩效未完成的员工得分还要低。

收集的数据不真实、不合理，HR分别找各个部门了解原因，最后却一个部门推一个部门。

到底是什么原因导致以上现象的？如何改变这些现象呢？

整个绩效管理包括考核、管理和激励三个阶段。在绩效管理真正落地的时候，又包含规划阶段、设计配套机制阶段和实操阶段。

绩效管理的三个阶段紧密相连，它们之间并不割裂，只是每个阶段的侧重点不一样。

本章将重点讲述如何有效跟踪改进绩效实施过程，让绩效真正发挥作用。

## 第1节

# 绩效目标的分解之道

为了保证绩效实施过程有效跟踪及改进，先要确保绩效目标分解正确。如果分解不对，比如公司/部门只给了一个目标值或执行方案本身有问题，就是搞错了方向，而如果方向错了，结果一定不会好。

真正做绩效目标分解的时候，应该从公司的战略目标出发，一步步向下分解（如图3-1所示）。

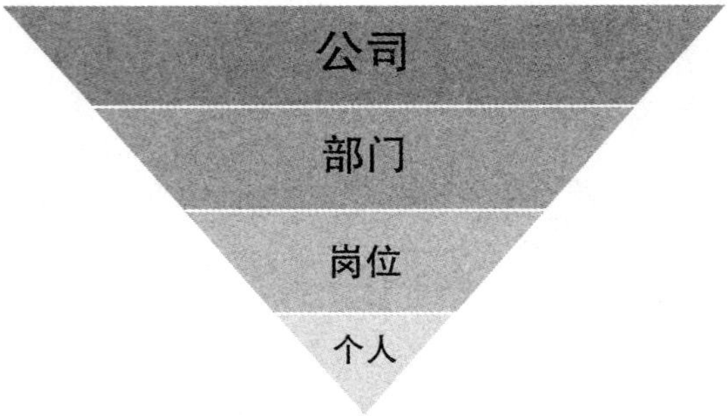


图3-1　绩效目标分解之道

那么，什么是战略？

例如，公司今年的年度战略目标分为盈收目标、成本目标和市场扩张目标，那么这就是公司大的战略目标。有了目标之后，公司该如何实现呢？公司今年要把市场占有率从20%提升到30%，那么10%的提升率就是公司战略目标。

明确公司战略目标之后，接下来就要考虑为了实现从20%提升到30%的市场占有率，公司各部门要配合做好哪几件关键的事情，即年度关键指标应该是哪些事情呢？

例如，公司今年要求收益达到1亿元，而公司有三个销售部门，每个销售部门分别销售不同的产品，A产品目标4000万元，B产品目标3000万元，C产品目标3000万元。公司是扁平化管理，全员是销售，那么为了实现销售指标，如果A部门有20个人，4000万元的指标应该如何分配呢？如果平均分配，就是每个人1年200万元的指标，根据年指标分解到季，由季分解到月，再由月分解到天，等等，这种分解比较简单、容易理解。

以上是销售部门的案例，假设是采购部门，如何做才能满足公司今年收益达到1亿元的订单需求呢？同时，由于产品种类不同、配比不同，采购部门要配合完成哪几件关键事情，才能配合其他部门在交期内完成工作呢？根据年指标分解到月计划、周计划、日计划，每一类物料分别需要在什么时间内采购到位、需要花费多少费用，就成了采购成本指标。采购成本指标再层层分解为每一类产品的采购成本，再基于采购交期与成本选择采购供应商。如果发现公司现有的供应商不能满足，还要开发新的供应商。

因此，采购部门为了完成公司收益达到1亿元的目标，需要开发新的供应商，这个指标就是采购部门的另外一个核心指标。

在上述案例中，开发新的供应商指标属于过程指标，而采购成本指标属于结果指标。

绩效目标值分两类：第一类，结果指标；第二类，过程指标。

结果指标是直接来源于公司的营收目标，即部门为了完成公司营收和成本指标，必须要达成的指标。

在上述案例中，过程指标是为了达成结果指标，需要完成的事情。

从逻辑上分析，整个绩效目标的分解并不复杂，它的复杂性主要体现在操作时情况多变。

比如，如果人力资源部门不了解采购部门的工作流程、不清楚采购部门的核心工作职责，就不知道采购部门需要做什么事情。

所以，HR一定要懂业务流程，懂业务流程是指至少要知道各部门的工作是怎么做的、要做哪些核心的关键事情、具体是怎么做的、做事的流程是什么。

总之，绩效目标分解之道，就是从公司的大目标分解到部门的大目标，从部门的大目标分解到岗位的大目标，再从岗位大目标分解到个人的大目标，然后从个人的大目标分解到每天工作的小目标。

当公司的目标明确之后，需要部门怎么做、做到什么程度，要有量化的数据；当部门的目标明确之后，又需要确定每个岗位怎么做，具体做事的流程是什么、方法是什么、做到什么程度；在岗位的目标明确之后，再具体分解到每个人怎么做、每个人做到什么程度。

这就是整个绩效目标分解的逻辑。

明白了整个目标分解逻辑之后，就该进行第二个动作了，也就是在实际绩效过程中进行跟进。

第2节

# 绩效执行的跟进之法

在配套机制设计和游戏规则都明确后，在实际过程推动的时候，跟进的方法有哪些?

## 一、纵向跟进

是指以行政层级关系或上下级关系的方式跟进（如图3-2所示）。

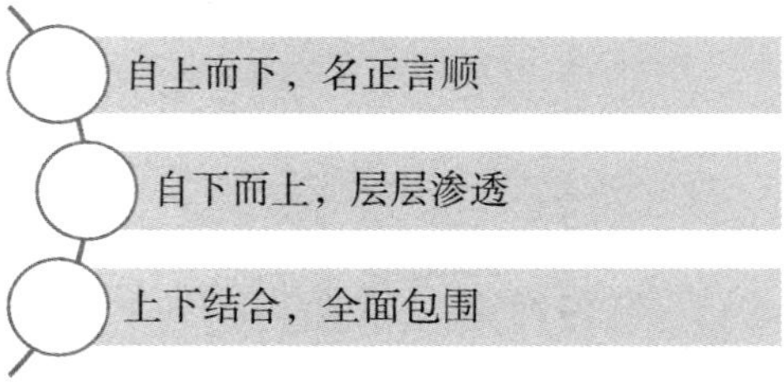


图3-2 绩效执行跟进之法（纵向跟进）

### （一）自上而下，名正言顺

例如，当指标确定之后，要想了解研发部门的绩效考核指标是否完成，是应该向部门的员工了解呢？还是向研发部门经理或总监了解呢？

为了跟进考核结果，从层级关系上说，应先向总监了解这个月的绩效结果怎么样、绩效目标能否达成、这个月绩效考核还有什么问题、需要HR做哪些协助、需要配合做哪些调整工作等。当然，在跟进的时候要放低姿态，因为你是在跟部门总监打交道。

在跟部门总监沟通绩效的时候也需要讲究方式方法。话术可以参考：某某总监，咱们上个月的指标刚调整完，这个月已经快过去一个星期了，想请您评估一下能否达成目标，在执行过程中有没有碰到什么异常、遇到什么困难？我听说某某产品的开发挺紧张的，咱们这边有没有什么影响？咱们这边有没有新增的产品？有没有出现重大异常妨碍绩效的达成？

类似的交流语言都是在了解他们部门业务指标的达成情况。当然，对一些人，可以直接向他们了解相关信息；对另一些人，则要私下从别的渠道了解。

这就是按层级跟进绩效目标达成的跟进方式。

### （二）自下而上，层层渗透

当你和部门总监不熟悉，且对方看不起HR时，就可以找部门中相对比较配合的员工私下做绩效达成的跟进工作。

如果采用自下而上的操作方式，一定要注意场合的隐蔽性，否则容易给员工造成不好的影响。

话术参考：你们产品开发顺利不顺利？你们部门现在在开发哪

几种产品，进度怎么样？我看你们组某某某工作挺厉害的，他的技术挺不错嘛。

其实问这些问题都是在试图摸清部门的业务状态和部门的人员现状，通过沟通了解整个绩效分解目标是否达成、绩效过程中有没有什么异常。

如果他们愁眉苦脸、总是抱怨，而且当下工作中出现了各种投诉，这时就要问遇到什么问题了、有没有什么好的办法、谁能解决这些问题等，通过一连串的问题，进行绩效跟进。

此时同样需要多人验证。在向多名员工了解绩效达成目标情况后，再对他们的上级开展绩效跟踪。

话术参考：听说当前产品的开发进展不是很顺利，好像客户投诉了某个问题……并且体系那边还告诉了我某某情况（这么做的目的是保护好员工，同时将对方的侥幸心理打破，让对方不敢“忽悠”你）。然后再追问一些细节、把控整体情况，评估他们的目标能否达成。如果出现重大偏差，要迅速进行调整。

### （三）上下结合，全面包围

在实际操作过程中，针对绩效跟进，采用上下结合法的比较多。

如果光自上而下地跟进，有时会不接地气，因为部门领导讲了之后，下面员工就不敢“乱讲”；而如果总是自下而上地跟进，部门员工又会觉得压力太大：HR 为什么没事老找我？为什么不找我们的上级领导？个别员工可能会不敢讲真话。因此实践中用得最多的还是上下结合法。

例如，先找部门领导做绩效跟踪，沟通完之后可以补充一句，您平时工作也非常忙，就不多打扰了，关于具体细节，我找工程师或主管聊一聊怎么样？找部门员工沟通时还要跟部门员工说，我跟你们总监打招呼了，他让我来找你了解绩效达成的情况。这就是上下结合，全面包围。

纵向跟进的人员全是本部门的，但光针对本部门跟进可能还不能完全了解该部门绩效的达成情况，因为有时候本部门会出现“抱团”现象，他们可能不会跟你讲真实情况。因此，除了纵向跟进，还要进行横向跟进。

## 二、横向跟进

绩效执行的跟进一般有以下三种（如图3–3所示）。

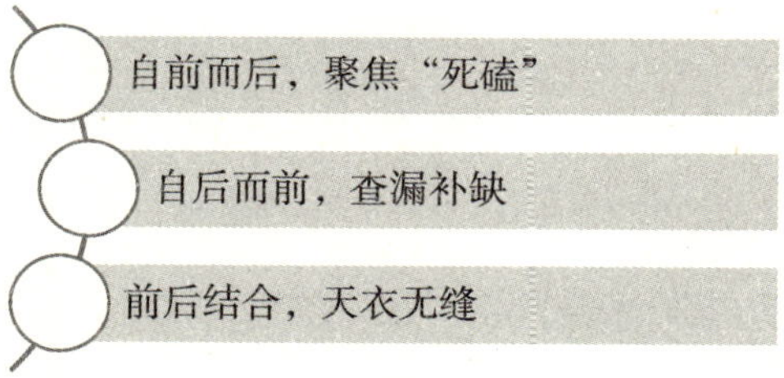


**图3–3　绩效执行跟进之法（横向跟进）**

### （一）自前而后，聚焦“死磕”

如果公司属于制造行业，那么公司的最上游就是销售单位，而销售的下游单位一般是生产管理单位，这时就可以找生产管理单位了解销售单位的绩效相关资料与信息。

如果公司属于餐饮行业，那么公司的最上游是下单的服务员，服务员下完订单后，下游单位就是收银，有些门店下单的下游单位是厨师催货。

因此，要做好绩效跟进工作，就要按公司的业务流程顺序，一个部门一个部门“死盯”，盯准一个部门，“死磕”到底。

假如在全公司老板最重视的是销售，那么在真正跟进绩效的时候，就应先跟进销售的绩效完成情况，其他部门或人员可以暂缓。

如果业务部门说，“货物还没有出来，生产管理还没有排计划，你找生产管理部门”。此时你千万不要找生产管理部门，因为你一旦找了，生产管理部门就会告诉你，“你去找采购部门”，而这样的行为就是在推卸责任。

因此，HR 在真正跟进绩效的时候，千万不要什么都跟进，如果 HR 每个部门都跟进，反而会遭到每个部门的反感。

这就是自前而后、聚焦“死磕”的跟进方式，只跟进老板最关注的部门就可以了。在公司问题较多、老板又让你跟进一两个问题的时候，千万不要所有的问题都一个人跟进，你只需要跟进老板最关注的那个点即可，而那个点在哪个部门，你就跟进哪个部门。

### （二）自后而前，查漏补缺

举个例子，制造业公司可能总是收到客诉，但又不能及时解决。每次反馈的第一单位是客服单位，客服单位向上游单位一层层反馈，最后一直延伸到销售的问题。最终发现不是产品开发不好，不是物料不好，不是采购的责任，也不是客服的责任，而是销售的责任，是销售和项目单位在与客户谈产品的时候，误解了客户的需求，因此客户在使用产品的过程中发现了问题。

这个问题隐藏得比较深，然而这个设计问题既不是研发部门的问题，也不是员工能力的问题，甚至不是部门员工理解错的问题，而是销售单位给的产品需求错误。

这就是自后而前，查漏补缺的跟进方式。

为什么这个月的客诉指标没有达标？从后往前推，层层找问题，就能找出问题的根源。

### （三）前后结合，天衣无缝

在“死盯”一个部门的时候，往往也要关注其他单位的动向。

笔者以前就遇到一个很“奇葩”的事情：每个月供应商都无法交货，质量推采购，采购推设计，设计推生产，最后销售部门“不爽”了，因为这个问题没有解决，影响质量问题、导致返工，使采购、生产、销售的KPI都完不成，最后全公司各部门的绩效目标都无法达成。

然而，从两端倒推，发现这既不是采购的问题，也不是质量的问题，而是研发的问题，由研发问题又关联到财务问题，原来是由于财务付款不及时，导致供应商没有及时配货，而最滑稽的是，这个事情最后不了了之。

所以在真正跟进绩效的过程中，既要从上到下层层跟进，也要对上下游单位进行横向的盘点与跟进。

绩效管理就是企业管理和业绩管理，要想做好业绩管理，就必须了解整个公司的业务流程，并不是简简单单定一个目标、设计几个奖励对策就可以了。如果想把绩效做到透彻，就一定要深入到各个业务部门，了解他们的实际业务流程，帮助业务部门发现和解决问题，这才是绩效跟进的核心。

## 三、时机把握

什么时候跟进绩效比较合适呢？实际绩效跟进时机分为四个层次（如图 3–4 所示）。

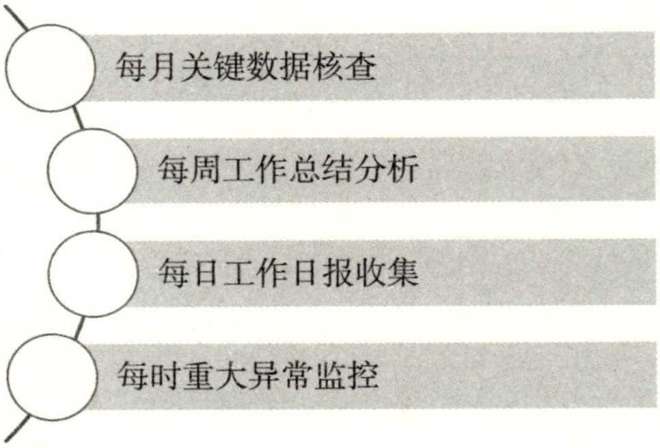


**图 3–4　绩效执行跟进之法（时机把握）**

### （一）每月关键数据核查

是指每个月都要核查每个部门的关键数据。如果不核查每个月汇总的数据，就难以知道真假，如果什么情况都不知道，推行绩效考核和绩效管理就显得毫无必要。

### （二）每周工作总结分析

是指每周检查某个部门或某个岗位的工作总结分析报告。一般公司都会有周报，而周报里面有过程数据和每周工作情况分析，通过分析报告就能推断出哪些工作出现了异常，从而提前做好准备。

### （三）每日工作日报收集

笔者之前在推行绩效的时候，如果没有机会拿到各部门的日报，就会经常到每个部门的工作现场交流、调查，了解他们每天的工作情况。

而且当时为了了解每个部门每天的工作完成情况和进度，笔者推荐他们做好看板管理，要求他们把项目管理、质量管理、产品开发管理的进度都标出来，并以此说服老板和高层领导，因为老板和高层领导也需要每天了解各部门的工作进度。

笔者还会跟部门主管沟通：主管，您看我们的绩效数据，每次到月底才提供给我，还经常出现问题，到时候如果绩效奖金不能及时发放或者绩效分汇总不了，就会影响咱们整个绩效工作的开展了，并且员工也肯定会有意见。为了避免以后数据核查太紧张、时间太短，可以在每周或者每天你们部门发送报表的时候，抄送我一份，这样有问题我也可以及时给你反馈，到月底我们就不需要手忙脚乱了。

这样，你就能够了解他们每天的工作情况了。

### （四）每时重大异常监控

笔者以前在跟进一个部门工作进度的时候，发现该部门出现了非常严重的事情，而当时笔者也想看该部门领导如何处理这个重大异常。可是这位领导针对这个异常并没有及时向公司汇报和处理，在周会上，该部门领导也没有针对这个重大的异常做汇报与处理，而笔者当时就在会议上，并直接针对这个重大的异常进行了说明：在什么时间、什么地点、谁负责的什么事情上，因什么原因出现了什么异常，带来了什么样的严重后果。

这就是每时重大异常的监控工作。

# 第3节

# 绩效异常的协调之术

绩效机制的设计通常包括考核机制、管理机制和兑现机制。如果三个机制设计好了，即使绩效出现异常，相对来讲也问题不大。

假如绩效真的出现了异常，只有两种原因：

第一，考核机制、管理机制、兑现机制在设计上出了问题。

第二，考核机制、管理机制、兑现机制在执行中出了问题。

下面我们分析一下各机制的异常点和协调之术（如图3-5所示）。

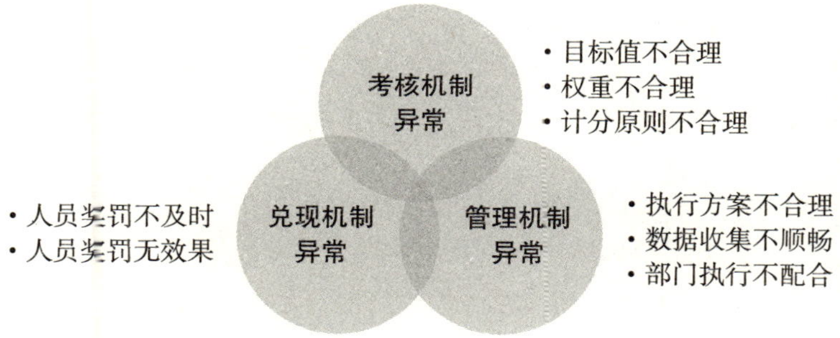


图3-5 绩效异常协调之术

## 一、考核机制异常

### （一）目标值不合理

一般是指在设定目标值时将目标值定得太高或者太低。

笔者在制造业公司供职时，公司会对一线单位进行绩效超产奖。

超产奖是指：企业规定在一个单位时间内生产N个产品，而在实际生产中，不管用什么办法生产出了N+M个产品，多出的这M个产品就可以换成工时或现金，这就是超产奖。

一般情况下，员工晚上加班1个小时至2个小时是可以拿到超产奖的，但是有一两个星期，笔者发现某部门数十名员工连续三四天的超产奖居然达到了4至5个小时。笔者觉得非常不正常，就先到部门查看他们的数据是否正确、数据是否有统计错误、计算是否错误，最后确定真的有4至5个小时。这时就是目标值定错了，是绩效目标值定低了，才导致绩效分数虚高。

这就是目标值设定不合理。

### （二）权重不合理

例如公司是以销售为龙头、以销售结果为导向的，而公司一般对一个人的考核分别为：当月销售额的达成、新客户拜访的及时性、老客户拜访的次数。

如果大家都觉得某个人的工作做得不错，但其考核分数却比较低，就说明权重设置不合理。如果是以结果为导向的公司，那第一指标的权重占比应该是最高的，甚至可以达到60%—70%，而对于销售员来讲，他们首要的任务就是达成销售额，如果能完成销售额，他们的基本工作就完成得差不多了。

假设销售员的销售额的权重为40%，拜访新客户和老客户的权重各占30%，某个销售人员的销售业绩非常好，但为了完成这个月的业绩，这个月没有太多的时间精力拜访新客户或进行老客户的维护。那么如果按以上的权重分配考核，他当月的业绩做得再好，也只能得70分，因此绩效考核就失去了意义，所以以上权重的设置是有问题的，应马上调整。

如果发现某个部门的整体业绩都不错，结果分数却较低，就代表权重设置出了问题，反过来也是一样的，如果发现一个人每天什么事情都不干，考核分数却比较高，也说明权重的设置有问题。

### （三）计分原则不合理

例如，销售员每个月应拜访二十名客户，权重是30分，少拜访一名客户就扣10分。假设这个月销售员业绩做得不错，而拜访客户的时间就比较少，但是也拜访了十六七家客户，只差三家，却被一次性扣了30分，那这项工作做得再多也没有意义，这就说明计分原则不合理。

## 二、管理机制异常

### （一）执行方案不合理

例如，通过目标的分解，公司确定产品研发部门在本月开发几款新的产品或者让市场部门在本月做几场大型的活动，而且每个活动都要有规定人数参加。

在做活动盘点时，分析资源没有问题、人员没有问题，原计划开展六场活动，结果到月中时，一场活动都没有搞好，最后分析是执行的方法出了问题——执行方案不合理，这时就要及时调整执行方案。

### （二）数据收集不顺畅

在实际推行绩效工作时经常碰到因数据收集不及时、不准确，导致管理过程中数据收集不顺畅，这就是管理跟进机制出了问题。

绩效设定好后，如果填表对象要填很多数据，就证明表单的设计有问题。之前笔者对开发部门进行绩效考核时，表单数据都不需要重新填写，所以表单的收集非常顺畅。

绩效数据的收集基于被考核部门日常工作中及其上下游单位每月、每周、每天、每次的常规表单，这样的设计不会增加被考核部门的工作量，数据收集也就比较顺畅，并且数据还相对真实。所以，最完美的数据收集方法不是由HR重新设计表单让被考核部门填写，而结合他们在日常工作中用到的表单。

### （三）部门执行不配合

在绩效管理过程中通常会遇到两个方面的问题。

第一，表单设计得比较复杂，其他部门每天工作非常忙，还要配合HR提交一系列的表单，他们就会非常反感HR。

遇到这种情况怎么办呢？这时就要分析被考核对象每天做哪些事情、现在在用哪些表单，并对现有的表单进行分析，协助他们把现有的工作进行重组、合并、简化、删除，从而对表单进行整合。

第二，如果工作中有些人不配合，就代表选人的时候选错了，这时就要想办法更换人员，让被考核部门配合。

## 三、兑现机制异常

### （一）人员奖罚不及时

有些员工辛辛苦苦忙了一个月，工作量也达到了公司的目标，在绩效考核中也获得了优秀，最后却得不到相应的奖励。

还有些员工在工作中没有完成绩效目标，在工作中还出现了很多错误，最后也没有受到公司的相应惩罚。

这两种情况如果处理不好，就会导致员工觉得公司处事不公，公司这时就要及时出面协调。

### （二）人员奖罚无效果

是指在奖励或惩罚对方的时候没有任何效果，这实际上就是奖励不是对方想要的、惩罚不是对方害怕的。这时就要调整奖惩内容了。

## 第4节

# 异常协调的处理维度

之前我们讲解了异常会出现在哪些地方，本节主要讲解可以从哪些方面进行异常规避。

在真正的异常协调过程中，应从以下几方面入手处理（如图3–6所示）。

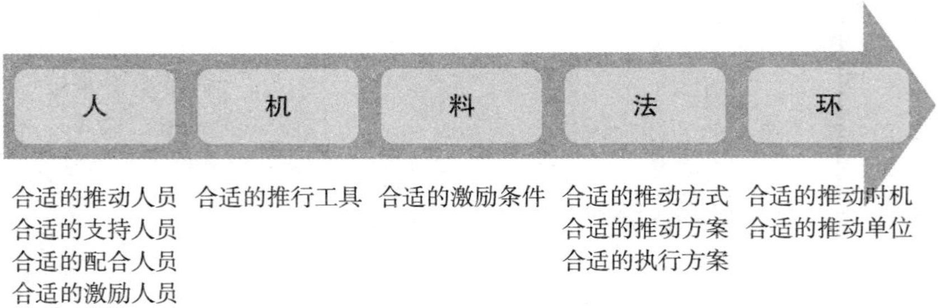


图3–6　绩效异常协调处理维度

## 一、人

### （一）合适的推动人员

是指在前期推动的时候，要选择合适的推动人员。如果自己是

HR高层和中层，可以选择部门下属中执行力、沟通能力和协调能力都比较强的人，同时一定要选择适合推动公司绩效项目的人员。

当部门主管都是“老好人”时，在选择推动人员时，一定要选择雷厉风行和不怕得罪人的人。

假如部门主管都很强势，那么在选择推动人员时，一定要选择情商高和懂得职场谋略的人。

笔者在曾供职过的一家企业推行绩效的时候，各部门关系错综复杂，又都比较强势，而笔者很不习惯在会议上跟别人吵架，所以一般都会采用以柔克刚的方式，点对点地推行。

后来公司氛围起来了，开始关注效率，于是笔者就找了一个性格非常耿直，雷厉风行、执行力超强的人去推动——这是由于公司的绩效氛围已经起来了，适合由这样的人去推动。

因此要根据公司的实际情况，选择不同的人来推动，这就是要选择合适的人员。

### （二）合适的支持人员

除了推动人员以外，支持人员也要选择合适的，一个有实权又能够帮你的人就比较合适。

### （三）合适的配合人员

在选择配合人员的时候，一定要选择与你关系比较好的，和你走得比较近的人员。

### （四）合适的激励人员

在兑现激励环节时，千万不要奖励或惩罚错了，一定要奖惩得当，这样才能起到树立标杆和宣传的作用，从而形成良好的循环。

## 二、机

即合适的推行工具：在推行绩效的过程中，如果公司属于中小型企业，有软件是最好的，但是软件不必选择很复杂的，选择适合公司的就行。

如果没有软件，也可以使用Excel，当然，这也要依公司的实际情况而定。要选择合适的推行工具方便和简化工作。

## 三、料

即合适的激励条件：在选择合适的激励筹码时，要把绩效管理对象的奖励设置在员工的兴奋点以上，处罚要设置在“痛点”以上和“死点”以下。

## 四、法

### （一）合适的推动方式

是指通过合适的方式推行绩效，是自上而下、自下而上还是上下结合。绩效的推动方式要根据公司当下的氛围和HR在公司的权限来选择最合适的。

### （二）合适的推动方案

当HR在公司处于弱势地位，而且还没有绝对话语权的时候，可以选择自下而上、层层渗透的方式来推行绩效。明确老板当下最关注什么、部门当下最关注什么，由此知道从哪些部门下手，以哪个指标为切入点推行绩效。

### （三）合适的执行方案

笔者以前供职的一家制造企业，当时老板最关注的是交货，订单和质量都没有问题。这时我们推动的方案聚焦的指标就是交期——其他的指标都可以暂时不用特别关注。因此，在绩效推行时的方案就是如何实现交期的指标方案和执行方案。

## 五、环

### （一）合适的推动时机

是指在推行绩效时评估当下适不适合推行绩效。

### （二）合适的推动单位

是指在推行绩效时选择合适的切入单位。

前面提到的以交期为目标，如果以交期为切入点，那么切入单位就应是制造和开发单位，此时以职能单位切入就不合适。

HR在推动绩效前要知道老板需不需要推行绩效、部门领导和员工需不需要推行绩效，如果只是老板需要而其他人不需要怎么办呢？这时就要想办法把大家的关注点和“痛点”引出来。

例如，老板当下比较关注销售额，但是下面的员工对此没有任何反应，员工可能觉得：销售额做得好与不好与我有什么关系呢？这时如果推行提升销售额的绩效就没有多大的意义。那么，如何让员工有反应呢？

HR 可以通过对公司的制度进行修改与完善让员工知道，如果销售额完不成，就会被领导批评、被公司开除，会被扣奖金、降薪和降职等，从而在员工与公司之间形成共同的关注点。

那么，什么时候才算时机成熟呢？

老板的“痛点”也能够给员工带来“痛点”时，就是切入绩效推行的成熟时机。

接下来通过文案岗位的绩效考核案例回顾本章的重点内容。

## 案例智库

**岗位：**文案

**基本职责：**

第一，负责公司产品文案、品牌文案、项目文案的创意和撰写；

第二，负责公司网站的专题策划并和网络编辑共同执行文案撰写；

第三，负责规划方案和策划方案的撰写；

第四，负责传播文案的创意和撰写；

第五，对网站的销售力及传播力负责。

一般在制造业的考核指标中有六个维度：P（效率）、Q（质量）、C（成本）、D（交期）、S（安全）、M（士气）。但全行业通用的考核指标可以浓缩成4类，即P、Q、C、D；再精简，可以只剩3类，即Q、C、D。

**绩效考核要考虑的要素：**

实际上，当要对某岗位进行绩效考核的时候，需要考虑以下几个方面。

第一要考虑该岗位在组织架构中的地位、能为组织贡献的价值、其贡献的价值能给公司带来的主要收益和可能的损失。

第二要考虑公司目前所处的发展阶段，是生存期、发展期、成熟期还是衰退期。企业在不同的发展阶段，应考核的项目不尽相同。企业在生存期不需要设计太复杂的考核指标，只考核当下就好；处于发展期的企业就需要在考核中稍微增加一些有前瞻性的指标；处于成熟期的企业就既要考虑当下，又不能忽略将来，要兼顾当下和将来。

第三要考虑公司目前的规模和部门的复杂程度。一般来说，规模越大、分工越细的公司，在设计数据来源流程的时候要考虑的因素越多，反之则不需要考虑那么多，可以进行简单的考核。

当然，其他如部门实际文化、当地的政策环境等因素，笔者就不一一罗列了，总之还是要综合考量，要去融合、破解，这对选取考核方式有指导性意义。

- 初创期

可以简单考核，整理出这个岗位存在的目的是什么即可。从上面描述的文案基本职责可以解读出，核心指标只有一个，就是“对网站的销售力及传播力负责”，翻译过来就是：文案要保障提升网站的销售能力和传播能力，即通过网站销售的销售额或销售数量增加；

网站点击率和转载率增加。

抓取这两个数据都不是难事，而且基本上都是由第三方单位抓取，而不是由文案部门自己提供，可以有效保证数据的真实性。

因此指标名称就可以是当期网站销量达成率或提升率（达成率是防御指标，提升率是进攻指标，可以根据公司实际发展阶段自由选取），即考核期内网站销售量计划目标达成的比率，或者比上一期提升的比率；当期网站点击率达成率或提升率（逻辑同上），即考核期内网站点击率计划目标达成的比率，或者比上一期提升的比率。

其中，"当期"是指考核的周期，对应时效性（D和P）。

部门主管的考核到此就可以了，但下属的考核还需要增加两个具体的任务指标：当期文案策划项目的撰写完成及时率（考核效率和交期），即考核期内任务实际完成所花费的时间与计划时间的比率；当期文案策划项目的撰写一次性通过率（考核工作质量），即考核期内文案一次性通过审批的比率。

· 快速发展期

此时，公司有了一定的规模和市场，可能需要对工作进行规范化管理，所以在完成任务的同时，也要考虑一些管理的长期影响，因此会对指标进行一些细化和完善，会增加诸如对以下人员的考核。

主管人员：预算成本指标、部属离职率（根据管理需要）、跨部门配合、职业素质指标（如违纪，执行力等）。

专业人员：预算成本指标；职业素质指标等。

这些指标的具体权重可以根据公司的实际阶段重点进行合理的比例分配。

· 成熟期

此时公司规模已很大，业态也很成熟稳定，可能需要继续巩固现有市场、拓展新市场，进而可能出现项目式考核，即使不用项目式考核，也要注意考核方式不能僵化，既要遵守基本的公司准则和流程，又要在内容上进行创新迭代，因此要对指标进行一些优化和更新，将考核指标调整为主管人员考核创新指标和学习指标，专业人员考核创新指标、学习指标及执行力的细项任务指标。

具体的权重、形式、目标值可以根据公司的实际阶段重点进行合理的比例分配。

**正负向考核指标：**

就提取指标而言，考核指标有正向的，也有负向的。

正向考核：如创新指标，可以直接出具创新的标准，同时考核当期有多少创新的项目数量或创新点。

负向考核：如学习指标，可以直接安排一些学习任务，并明确评估的标准，同时考核当期有多少项没有达到标准。

**考核注意点：**

第一，需要先明确考核的导向是什么，是直接考核结果还是考核过程+结果，还是只需要考过程。

第二，适用什么样的考核形式：人多的地方尽量少用360°评估，因为该方式对人的心态和评估能力要求都很高。但在考核结果的验证上可以私下进行360°调查，检验考核结果是否客观。

第三，没有绝对的公平，只有相对的公平，被考核的大多数人觉得公平就可以了。

第四，如果考核的目的是实现优胜劣汰，那么其实考核只是一个逆向思维的过程，简单讲就是用一种大家觉得公平的方式，呈现出绩效管理者、主管及大家心目中平时感觉到的，但是又没有明确证据能证明的东西。

第五，初创企业不要设计太多指标，发展壮大后再把考核细化。

第六，设定积分的时候，一定要学会逆向思维。例如，网站销量达成率的目标值是100%，权重40分，规定低于1%如何扣分，这个很简单，就是和部门主管沟通，再结合公司的实际情况设置下限。

综上所述，要做好有效跟踪、改进绩效实施过程，需要注意以下几点。

1.公司在部门推行绩效目标考核的时候，一定要明确公司的目标，由公司的大目标分解为部门的大目标，再由部门的大目标分解为岗位的大目标——完成岗位小的目标才能确保大的目标的实现。

2.做绩效跟进的时候，要根据公司的实际情况和HR本身在公司的权限选择不同的绩效跟进方式，以了解在绩效推行中遇到的问题，帮助各部门达成绩效目标。

3.推行绩效的时候，要结合公司的实际情况以及老板和员工共同关注的点推行。

第四章

# 绩效规划六大难题的破解之道

推行绩效时，你是否遇到过以下场景？

公司业绩下滑严重，老板要求马上通过绩效改革拯救业绩，可你对绩效一窍不通，怎么办？

推行绩效时根本没人配合，都是HR部门唱“独角戏”，怎么办？

公司零基础推行绩效，应该怎么做？

各部门各岗位的绩效分数差距拉不开，导致绩效考核结果没有用，怎么办？

在绩效实施的过程中，员工认为，针对个人的绩效目标定得太高，对绩效目标和绩效结果都不认可，怎么办？

员工准备离职的时候，HR跟员工确认绩效，员工对绩效结果不认可，不签字，怎么办？

……

为什么绩效不好推行？绩效推行的难题都有哪些？应该怎么破解？本章将对绩效推行中的难题及相应的破解方法进行重点讲解。

第 1 节

# 绩效推行的六大难题

在实际推动绩效的过程中，一定会碰到很多现实问题，打破既定的规划，绩效推动中一般会出现的难题如图 4-1 所示。

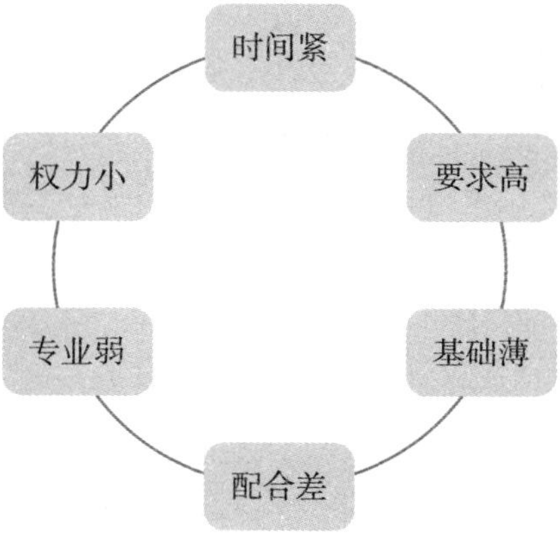


图 4-1　绩效推行的六大难题

第一，时间紧：绩效推行要求的时间紧。

第二，要求高：公司或老板对绩效推行的要求高。

第三，基础薄：公司的绩效基础比较薄弱。

第四，配合差：各部门对推行绩效的配合度较差。

第五，专业弱：负责推行绩效的人员专业能力比较弱。

第六，权力小：负责推行绩效的人员权力小，很多事情无法决策。

以上六大难题，在我们实际推行绩效的过程中，可能会常碰见其中的一种或者几种。

例如，笔者曾辅导的一名学员的领导个性比较“傲娇”，非常强势，曾要求他在一个星期内写出绩效推行方案。

这就是典型的绩效推行时间紧，并且公司老板对绩效推行的要求还比较高。

笔者另一名学员的老板觉得公司销售业绩不好，需要推行绩效，但公司没有推行过绩效，销售业绩也不好，员工工资还低，员工的工作积极性也不高，呈现恶性循环。

这就属于绩效推行的基础比较薄弱，老板还比较追求“高大上”，而这位学员当时并不擅长绩效。

还有更多的绩效案例问题，就不在此一一列举了，我们将基于以上六种难题，逐个分析原因及解决思路。

第2节

# 绩效推行的时间紧

## 一、产生原因

要想解决问题，先要了解问题的原因，然后才能针对原因寻找对策，这是所有问题的分析和解决逻辑。绩效推行时间紧，一般情况下是由如图4-2所示的四种原因引起的。

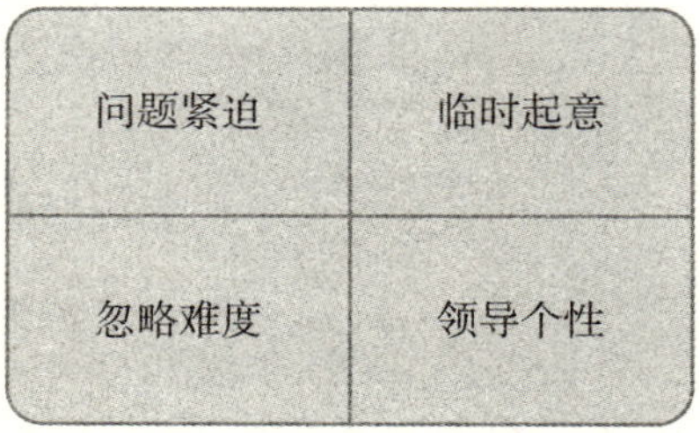


图4-2　绩效推行时间紧（产生原因）

### （一）问题紧迫

老板或公司高层领导平时不太关注绩效，觉得绩效没有用。但是突然碰到非常紧急、非常棘手的问题，于是决定马上推行绩效，希望能立刻解决问题。

例如，公司业绩年年下滑或者出现亏损，且局势非常紧急，需要马上扭转，这时，许多老板想找个救命稻草，于是就瞄准了绩效，似乎觉得绩效可以力挽狂澜，让企业起死回生。由于问题比较紧迫，所以推行绩效的时间也就比较紧张。

### （二）临时起意

老板或公司高层领导的想法比较天马行空，可能在某次会议或听了某次培训课程之后，突然发现公司没有做绩效，或者公司绩效做得不好，于是临时起意，也要推行绩效，并且要求马上推进、快速见效。

### （三）领导个性

老板或公司高层领导本身性格急躁，希望任何事情都能立竿见影，给予的时间比较紧张。

### （四）忽略难度

老板或高层领导对绩效的认知不全面，忽略了绩效推行的难度，没有预料过程中可能发生的问题。

## 二、解决思路

要解决绩效推行时间紧的问题可以从以下几个方面入手（如图4-3所示）。

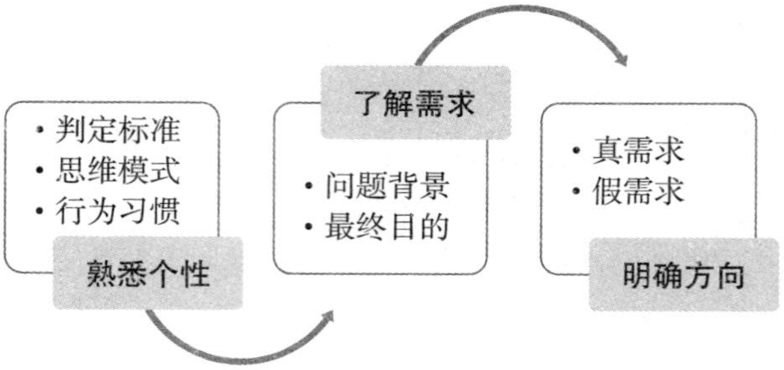


图4–3 绩效推行时间紧（解决思路）

### （一）熟悉个性

针对下达推行绩效任务的人和对绩效任务有决策权的人，要全面熟悉他（们）的个性，了解他（们）的核心判定标准和思维模式。

如果是强势的领导，在推行绩效的后期，就可以借他的“势”，让其他部门配合。

如果是思维比较发散的领导，那么他可能想在推行绩效的时候看到更多创新的内容、跟别人不一样的东西，不喜欢你用以往的模式。对于这种领导，如果你从别的公司那里弄个方案给他，他看完之后多半会觉得哪里都不好。

### （二）了解需求

即了解对方推行绩效的目的是什么、想解决的问题是什么、该问题当下的状况是什么？

了解了问题后，再通过对方的个性，推断出其最终想要达到的效果。

### （三）明确方向

即根据推断出来的对方想要的效果明确绩效推行的方向。方向中包含真需求和假需求，一定要识别出真需求，否则后期的一切工作都是白费。

**案例智库**

笔者曾经辅导过一位学员，那时他的领导要求他在一个礼拜之内写出绩效推行方案。他的领导个性“傲娇”，且非常强势、非常关注执行力，交代的事情要求马上完成。基于这种情况，笔者告诉他，你要和领导沟通，了解他推行绩效的目的是什么。他说领导只是说“现在的绩效全部流于形式，评的分数都是假的”。这个话其实只说了一半，领导说评分是假的，由此可以推断，领导不想要评分这种形式，所以在后面推行绩效的时候，评分这种方式是不能用的。

但是领导最终想要什么，还是不知道，需要与领导沟通。这时该学员说：“领导比较‘傲娇’，很难沟通，不知道该怎么问。”

要判断领导的需求，其实很容易，你完全可以直接问他：“领导，我们的绩效最终要做成什么样子？解决什么问题？或者您觉得绩效要达到什么样的程度标准才是符合公司要求的？”

当然，如果领导不直接讲，那就涉及话术的问题了，但总而言之，不管用什么方法，必须要了解他的真实需求。很多时候领导的真实需求其实就是解决某一个点上的问题。案例中的学员虽然没有明说，但笔者基于他的领导的个性，推断出他的领导肯定是想要一份基于真实数据的、至少是有理有据的数据的绩效方案，而不是基于别人随便评分的数据的绩效方案。

所以领导其实并不是真的要求他在一周内将整个绩效体系全部搭建起来并推行下去，因为根本来不及。

但是他在一周内想看到HR在行动，能够将他想要的、真正基于数据得来的指标提取出来，至于数据最后能不能收集上来则另当别论，因为那是下一步的事情。

所以，如果碰见绩效推行时间比较紧的情况，就要做好需求识别，根据真正的需求，抓住核心重点，只做需求之内的事情，需求以外的暂时不必延伸，切忌完美主义。

第3节

# 绩效推行的要求高

## 一、产生原因

一般来说，绩效推行要求高的原因可能有以下几方面（如图4-4所示）。

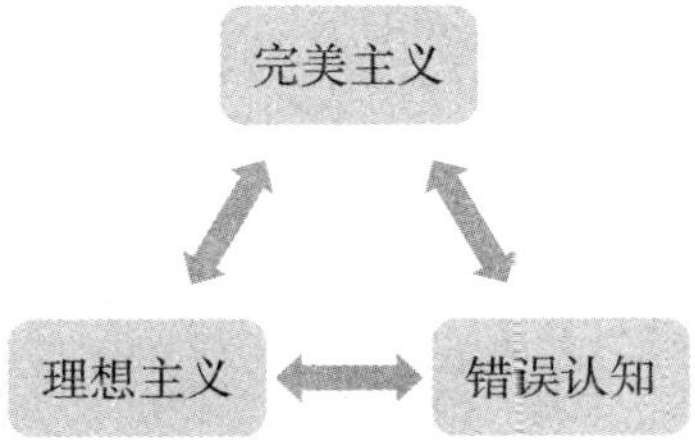


图4-4　绩效推行要求高（产生原因）

### （一）完美主义

这里指的是要求推行绩效的人本身是完美主义者，对任何事情的要求都很高。在这类人的思维里，要么不做，要做就要做到最好、做到极致。所以在实际推行绩效的过程中，他们会提出很多自己的想法，也会比较多地关注和监督具体的实施操作流程以及各种细节，对推行的结果和期望偏高。

### （二）错误认知

这里指的是要求推行绩效的人对绩效存在错误的认知，以为绩效只是表单和考核，不知道绩效包含的内容，想象不到其中的难度。这是大部分企业在推行绩效时存在的一种错误认知，他们简单地把绩效理解和认定为绩效考核，而绩效考核就是做考核表。这就很狭隘地把绩效做成了一个点，而真正的绩效是“绩效管理”，它包括考核标准机制、实施改进机制、兑现分配机制，这三大机制是点、线、面一体的。

### （三）理想主义

这里指的是要求推行绩效的人本身是理想主义者，好大喜功，对困难预估不足，认为绩效很简单、很好做。这其实是很多企业绩效推行的现状。比如，一说推行绩效，就直接全公司一起上，几乎不考虑公司在人、机、料、法、环各个方面的现状、是否具备全面推行的必备条件，陷入了“想当然”的理想主义。

## 二、解决思路

要解决绩效推行时间紧的问题可以从以下几个方面入手（如图 4-5 所示）。

| 矫正认知 | 暗度陈仓 |
| --- | --- |
| • 直言不讳 | • 表面接受 |
| • 旁敲侧击 | • 确保结果 |
| • 逻辑引导 | • 云车保帅 |

图4-5 绩效推行要求高（解决思路）

### （一）矫正认知

如果要求推行绩效的人存在认知问题、对绩效的了解不全面、忽略了绩效在推行过程中可能碰到的异常，也不知道在推行绩效前需要的准备工作、忽略了绩效工作量和工作标准，进而忽略了绩效的难度，就要矫正他们的认知。针对不同类型的人，要采取不同的沟通方式。

1. 直言不讳

对于能够接受别人意见的领导，HR可以直接告知其绩效推行的步骤和难度、各个步骤需要的资源和部门的配合，与其一起分析现状，明确过程中可能出现的异常，并通过数据向其证明，按照他的标准，时间来不及。

2. 旁敲侧击

对于刚愎自用、死要面子的领导则不能采用上述方式。HR需要有技巧地旁敲侧击，如发与绩效相关的朋友圈、以其他公司为例侧面提醒。以间接的方式告知领导推行绩效需要很多步骤、难度比较大。

3. 逻辑引导

对于逻辑性超强的领导，如果HR直接告知其推行绩效的难度很大，他的第一反应是HR在推卸责任；如果以其他公司为例旁敲侧击，他会认为不同公司不可比。对这类领导需要谨慎，HR可以顺着他思考的思路，与其深入沟通，在沟通的过程中，如果发现他对绩效的某个点存在误解，不要直接告诉他，可以通过请教、示弱等方式对他进行逻辑引导，切记点到为止。

### （二）暗度陈仓

如果认知矫正失败，那就在表面上先接受下来，参考上一节中提到的需求识别，先得出真正需求，在执行时表面上按照领导的要求做，实际上为了确保结果以自己的方式运作，并稍做技巧处理，通过适当取舍，达到老板想要的结果。

#### 案例智库

笔者曾经辅导过某位学员，他的公司领导要求他在一个月的时间内同时推动公司所有部门的绩效。这其实不太现实，但他和领导沟通无果，领导坚持己见，要求同时推动。于是他表面上先向各个部门发布了通知，让领导知道他已经在同时推动了、已经在收集各部门的绩效表单，但是在真正执行过程中，他重点关注了领导最关注的部门——销售部门，将80%的精力放在了销售部门上，将另外20%的精力放在了其他部门上，做好了表面工作。

如果在真正推行过程中时间真的不够用，将80%的精力放在销售部门上都来不及，可能要投入90%甚至100%的时间和精力，导致其他部门的绩效搁置。那么这个时候，一定要确保你这么做的结果是领导想要的，如果是，那么暂时放弃其他部门的绩效推行，就是丢车保帅。

因为当做到领导的核心要求后，其他的要求就算暂时没有做到，对自己也不会造成实质性的损失。但是如果“眉毛胡子一把抓”，最终同时推行却没有达到领导想要的结果，你可能就会遭受实质性的损失了。

第4节

# 绩效推行的基础薄

## 一、产生原因

一般来说，绩效推行要求高的原因可能有以下几方面（如图4–6所示）。

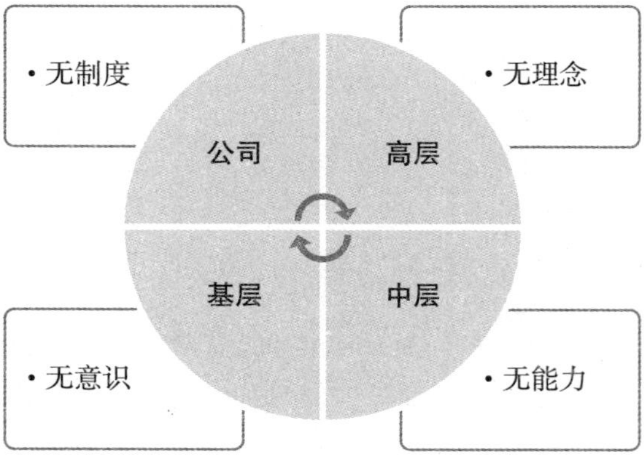


**图4–6　绩效推行基础薄（产生原因）**

第一，公司无制度：公司没有任何与绩效相关的制度。

第二，高层无理念：高层没有正确的绩效概念和理念。

第三，中层无能力：中层没有任何推动绩效的能力。

第四，基层无意识：基层没有绩效的意识，认为绩效与他们无关。

以上四点原因，在有的企业中可能存在其中一种，而在有的企业中则可能存在几种。

## 二、解决思路

要解决绩效推行时间紧的问题可以从以下几个方面入手（如图4-7所示）。

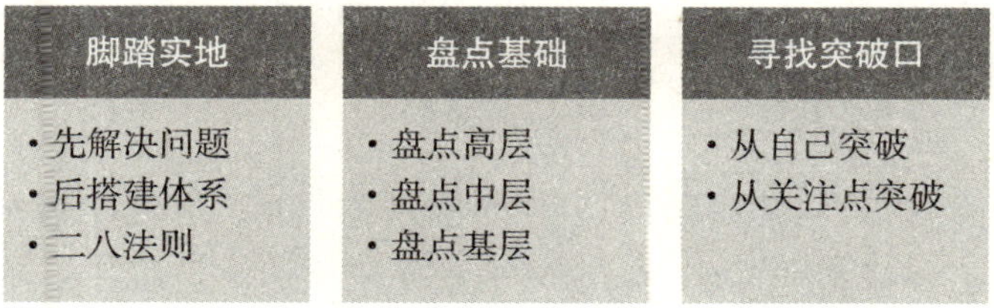


图4-7 绩效推行基础薄（解决思路）

### （一）脚踏实地

在推行绩效的时候，切忌理想主义、天马行空、“想当然”，要先脚踏实地解决当前最需要解决的难题。在解决问题的过程中梳理需要用到的表单、工具，流程、体系自然而然地就搭建起来了。真正落实的时候，要将80%的精力用于解决问题，20%的精力用于搭建体系。

### （二）盘点基础

即盘点高层的理念是否欠缺、欠缺多少；中层的能力是否欠缺、欠缺多少；基层的意识是否欠缺、欠缺多少。

在推行绩效的过程中，绩效不仅是HR的事情，它的真正落地靠的是部门负责人，尤其是中层干部，因为需要他们去分解目标——绩效管理、绩效数据的收集、绩效改进等，处处都需要中层的支持。HR离开中层的支持自己推绩效是根本不现实的，因此才需要盘点高层、中层、基层的绩效理念。

### （三）寻找突破口

盘点好后就要寻找突破口，一般从以下两个方向寻找。

1.从自己突破

如果高层本身对绩效没有概念，似乎也没有特别着急的要求，只是要求比较高，而公司的绩效基础又比较薄弱，那么此时时间相对比较充足，就可以先从自己突破，也就是说要用绩效管理别人，得先用绩效管理自己、管理自己的部门。

2.从关注点突破

如果发现公司虽然绩效基础薄弱，但是高层、中层以及基层普遍对某一个问题比较关注，那么此时不管这个问题卡在哪个部门，哪怕是一个非常强势的部门，也要选择从这里进行突破，因为这个时候做其他的，别人根本不关注。HR不用过于担心，公司虽然绩效基础薄弱，但是由于大家的目光都聚焦在这里，各部门相对会比较配合。

# 第5节

# 绩效推行的部门间配合差

## 一、产生原因

一般来说，绩效推行要求高的原因可能有以下几方面（如图4–8所示）。

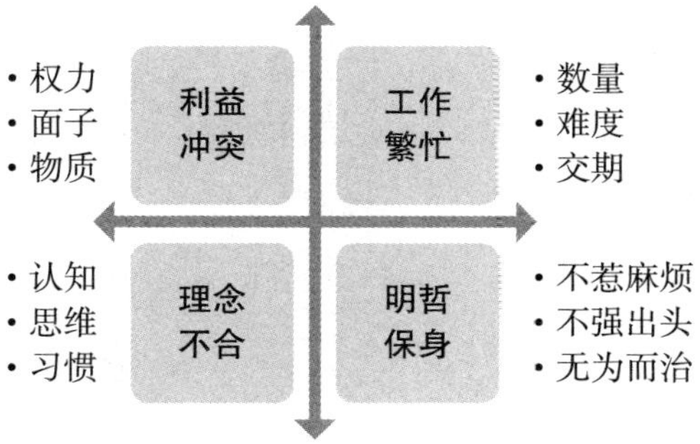


图4–8　绩效推行部门配合差（产生原因）

### （一）利益冲突

指推行绩效时与各部门发生根本性的利益冲突，所以对方不配合。例如，与他人在权力、面子、物质等层面的利益发生冲突，可能剥夺了别人的权力、可能忽略了别人的面子、可能减少了别人的物质收获等。

### （二）工作繁忙

如果其他部门的工作确实非常繁忙，那么他们可能真的没有时间配合HR推行绩效，如任务量大、难度高、交期急。

### （三）明哲保身

有的部门领导不想惹麻烦，觉得多一事不如少一事，不想强出头，评分时总做老好人，想要明哲保身，且满足于部门现状，不求创新与进步。

### （四）理念不合

部门领导与负责推行绩效的HR理念不合也会降低其在绩效推行过程中的配合度，这可能源于部门领导与HR对绩效的认知不同、在推行绩效时的思维不同、工作习惯不同。

## 二、解决思路

要解决绩效推行时间紧的问题可以从以下几个方面入手（如图4－ 7所示）。

图4–9 绩效推行部门配合差（解决思路）

### （一）强势部门

指该部门或部门领导在公司内拥有绝对的话语权，领导强势、原则性强、不愿让步。

### （二）普通部门

指该部门或部门领导的地位在公司处于中等水平，不是特别重要，但有一定价值。

### （三）弱势部门

指部门领导比较弱势，或者部门本身在公司没有地位，老板不重视，认为该部门可有可无，某些公司的行政部门或设备维修部门，老板认为没有太大价值。

当在推行绩效过程中遇到部门不配合的情况时，HR要认清局势。先选择少数部门试点推行，其他部门暂时先忽略。试点成功后，再推动到其他部门，最后到强势部门时，绩效的氛围已经形成，推行工作顺理成章。

# 第6节

# 绩效推行人员的专业弱

## 一、产生原因

一般来说，绩效推行要求高的原因可能有以下几方面（如图4-10所示）。

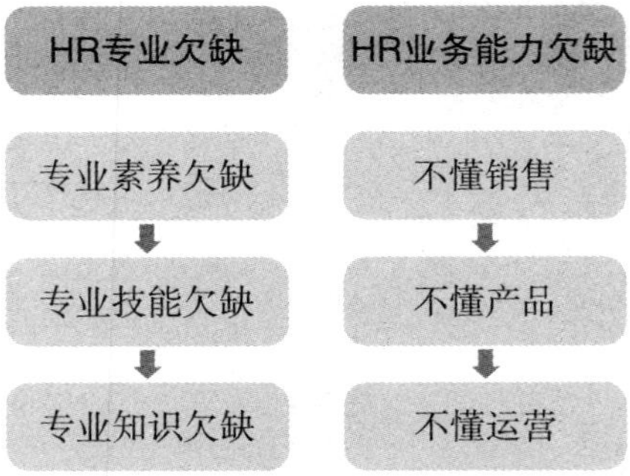


图4-10　绩效推行人员的专业弱（产生原因）

### （一）HR专业欠缺

1. 专业素养欠缺

即HR没有数字思维——绩效是需要通过数据展现的；没有破

釜沉舟的精神——绩效推行本身比较困难，不能轻易放弃；缺乏聚焦——很多公司绩效难以推动的主要原因之一就是推动面太广，难度大幅上升；欠缺沟通、协调能力及平衡各方利益的能力——推行绩效，对平衡人际关系和各方利益的能力要求比较高，如果不能换位思考，那么谈判和协调都难以成功。

这是大部分HR推动绩效难以成功的原因之一，他们在专业知识和专业技能上都不欠缺，但恰恰缺少推行绩效的核心专业素养。

2. 专业技能欠缺

即不知如何提炼绩效指标、不知如何收集绩效数据、不知如何进行绩效访谈、不知如何设计绩效制度等。

3. 专业知识欠缺

绩效专业知识欠缺，可通过看书、听课学习提升。

### （二）HR业务能力欠缺

1. 不懂销售

即不知道销售的流程、销售的岗位职责，不清楚他们在工作中会遇到哪些问题，不明白他们如何解决这些问题。

2. 不懂产品

即不知道公司产品的类型、结构，不知道公司的产品要卖到哪里去、能满足什么样的用户需求。

不要求HR会设计产品、会卖产品，但作为绩效推行人员需要大致了解这些内容、要知道流程和逻辑、了解操作步骤，多少要知道一些细节。

3. 不懂运营

即不知道公司内部的管理是怎样的、公司的产品是怎么做出来的、怎样交付到客户手中的。

做绩效本身就是在解决公司的业务问题，如果绩效推行人员不知道销售、不了解产品、不清楚运营，他在推行绩效的时候就无法和其他部门沟通，很可能被其他部门搪塞过去，也无法审核部门提供的数据或信息的真实性。

所以，要推行绩效，先要知道公司销售的流程、了解公司产品的设计流程、清楚公司交付产品的流程，知道得越详细，对于绩效的推行越有利。

## 二、解决思路

要解决绩效推行时间紧的问题可以从以下几个方面入手（如图 4–11 所示）。

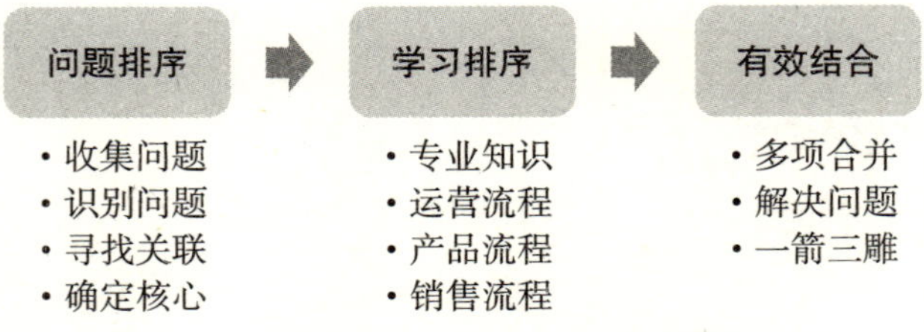


**图 4–11　绩效推行人员专业弱（解决思路）**

### （一）问题排序

即收集绩效推行中要解决的问题，对收集到的问题进行识别，寻找各个问题之间的关联，确定当前亟待解决的核心问题。

在前述案例中，老板要求HR在一个月时间内，同时推动公司所有部门的绩效，并做出一份在公司内实际可行的绩效指标。然而该学员此时“两眼一抹黑”，他什么都不清楚，时间又很紧张，怎么办？

这个时候可以先梳理一下老板的标准到底是什么，如果老板的标准是解决某个问题，那就要盘点要解决这个问题，自己还缺哪些专业知识、专业技能、专业素养。如果全部都缺乏、都需要学习，怎么办？

回归原点，即老板提出的这个问题，绩效专业知识、专业技能都可以暂时先放下，绩效指标也不需要做得那么完善。但是，首先要学会问题的分析与解决，也就是说HR需要先具备从老板提出的问题中找到问题的根本的能力；在找到根本原因之后，就需要同推行绩效部门的领导沟通，让对方接受改善建议。这才是最着急的，至于绩效表单等可以暂时搁置，因为在这两个问题解决后再做绩效表单，不影响实际问题的解决。后来该学员就采取这种方式，先把这两个点确定好了。

### （二）学习排序

接上述案例，由于问题全部发生在业务部门，所以在分析与解决问题的时候就需要深入业务部门了解实际情况。HR需要了解业务流程、业务的岗位职责、业务在整个过程中碰到的异常。这时学习顺序就出来了。

学习顺序基于亟待解决的问题重要程度排序，绩效的专业知识、运营流程、产品流程、销售流程，需要哪个就先学习哪个。

这个时候，切记聚焦问题解决，不要企图放大问题、系统学习绩效，因为时间不允许，此时你需要做的是把有效的时间放在最有效的学习上。

### （三）有效结合

1. 多项合并

在确定了问题解决和学习的顺序后进行有效的结合。例如，你发现运营部门有一个项目部，于是在同项目部负责人沟通的过程中，你既了解了产品，又了解了运营流程，还知道了销售流程。这就是多项合并。

2. 解决问题

在绩效推行的过程中，你发现销售额存在问题，但在分析后发现这不是销售部门的原因，很可能是因为生产部门交不出货造成的。所以这个时候要关注重点、关注问题的解决。

3. 一箭三雕

笔者之前在推行绩效的时候，有个问题表面上看起来是业务增长停滞，经过细心分析，发现原因不是接不到订单，而是产品生产不出来，而这又是因为人员的管理出现了问题——缺乏绩效激励、员工缺乏积极性、工作效率偏低。所以在这个时候，笔者就把关注点放在了提升工作效率上，并通过绩效激励展现出来。破解了这两个点，就既提升了士气，又解决了绩效问题，同时提升了产能和销售额，可谓一箭三雕。

HR 要学会有效结合，很多时候只要突破一个点，就可以化解其他问题。

# 第7节

# 绩效推行人员的权力小

## 一、产生原因

一般来说，绩效推行要求高的原因可能有以下几方面（如图4–12所示）。

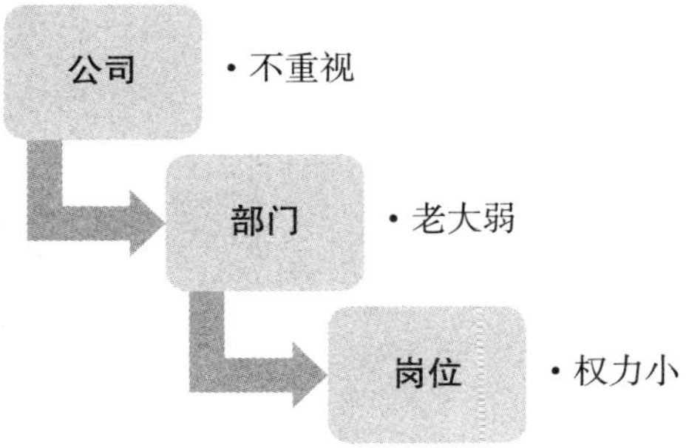


图4–12 绩效推行人员权力小（产生原因）

### （一）公司不重视

指公司整体或绩效推行部门对绩效的推行不重视，导致绩效推行时HR难以获得支持。很多公司或部门本身对绩效的认知就比较欠缺，把绩效看成管理的一部分或管理的工具和手段，并没有真正认识到绩效和公司目标的联动关系，弱化了绩效的真正价值和作用，所以在推行绩效时，HR的工作也容易被弱化和忽视。

### （二）部门负责人弱

指HR部门的负责人较弱势，在推行绩效的过程中没有话语权。这在民营企业中是普遍现象，企业中业务部门相对更有话语权，职能部门的负责人相对于同级别管理者来说，远不如业务部门有话语权。HR负责人在公司的话语权都偏弱，那HR部门下属的执行人员，话语权就更弱了。

### （三）岗位权力小

即负责绩效推行的人员为基层的专员没有决策权，绩效流程、绩效指标、数据来源、奖惩依据都只能以业务部门为准。在实际绩效推行的过程中，HR绩效执行人员既无审核权，又无决策权，绩效的各个操作流程和具体安排在很大程度上要听其他部门的安排，导致HR基层执行人员既无法在绩效考核的过程中确保考核指标的适用性和指标评分的真实性，也无法使绩效机制真正落地、解决公司的问题、达到目标，更无法保证通过绩效结果的评价，对符合公司标准的人按照标准实施正负激励。

## 二、解决思路

要解决绩效推行时间紧的问题可以从以下几个方面入手（如图

4–13所示）。

**图4–13　绩效推行人员权力小（解决思路）**

### （一）运用公司情势

充分利用公司情势，如果个人和部门没有话语权，就可以借公司目前暴露出来的严重问题之势或老板之势开展工作。总之，可以从事情本身的严重性和老板的权威性两个方面运用公司情势。

### （二）撑起部门形势

虽然一开始部门对外的形象可能比较弱势、没有话语权，但在真正推行绩效的时候要学会造势，将一些左右员工和其他部门的权力逐渐转移到HR部门，如在升职加薪等对员工有重大意义的事件上的决策权、建议权等。将这些权力真正转移并强化HR的权势，撑起部门形势。

### （三）树立个人威势

除了部门强势，作为绩效推行人员，HR还需要逐渐树立自己的权威。如借用危机问题，有理有据地适当“发飙”，必要的时候可以

"杀鸡儆猴"；也可以适度地"拿着鸡毛当令箭""狐假虎威"，建立个人威信。只有这样，推行绩效时才会有部门和员工的配合，确保绩效能够顺利推行下去。

### 案例智库

笔者在一家企业担任绩效专员时，人力资源部在公司的定位是纯服务部门，而笔者又刚入职不久，人微言轻。此时笔者要推行绩效管理就只能步步为营、小心谨慎，因为稍有不慎，就会惹来"杀身之祸"。经过仔细分析，笔者发现公司老板对于一线部门的产品交期非常看重，并且那段时间产品交期问题被大客户投诉了不止一次。于是笔者果断抓住机会，层层分析发现一线部门交期问题频发的原因是一线管理人员的粗暴管理，员工离职率过高，并陷入了恶性循环。此时，笔者便将一线部门的交期指标作为重点考核项目，成功借着交期指标和用人部门在员工留存上达成一致。经过一段时间的运行和改进，笔者运用培训等手段，成功与用人部门一起解决了留人和交期的大部分问题。

在此期间，笔者逐渐梳理出一线管理人员和现场培训的标准体系，并顺理成章地将它们纳入公司人力资源管理体系，借助一次全公司表彰制造生产线的机会，在领导的授权之下，把该制度和人员的晋升关联起来，并组织了系列培训和考核选拔，正式晋升了一批人。之后通过公告告知全公司，这些人之所以能晋升，不仅是因为绩效突出，还因为培训考核成绩合格。由于没有在实际中触碰到用人部门领导的权力和利益，便顺势把一线管理人员的绩效和培训制度也落了地。

后来，随着该制度的持续推行，触动了一些原有用人部门领导的用人权，部分待晋升人员开始对抗人力资源部的绩效和培训机制。此时笔者发现绩效大势已经逐步形成，便果断地“杀鸡儆猴”，抓住其中两三个典型“开刀”，狠狠地打击了对抗部门的嚣张气焰，而其他部门是制度的受益者，他们的领导自然没有和笔者对抗。此事之后，笔者在公司的权威彻底树立起来，成功掌控了公司的人事晋升权，从而进行了第三个阶段的绩效改革，即向中层干部“开刀”，而此时笔者也成功晋升为公司的员工发展主管。

综上所述，在绩效规划中，要破解不同类型的难题，需要注意以下几点。

1. 对于绩效推行时间紧的难题，要先了解下达推行绩效任务的领导的个性、需求、目的，识别出对方的真需求，确保绩效推行的方向正确。

2. 对于绩效推行要求高的难题，针对不同类型的领导，要通过不同的方式矫正其对绩效的错误认知。如果认知矫正失败，则可以表面接受他的要求，但以自己的方式巧为处理，通过适当的取舍确保达成领导想要的结果。

3. 对于绩效推行基础薄的难题，要先脚踏实地地解决问题，然后再盘点基础，根据盘点信息和公司实际情况选择突破口。

4. 对于绩效推行部门配合差的难题，要先试点推行，再过渡到普通部门，最后推行到强势部门。

5. 对于绩效推行人员专业弱的难题，要先收集绩效推行中要解决的问题，基于问题的重要性排序，确定需要先解决的核心问题，选择优先学习的内容，并进行有效结合。

6. 对于绩效推行人员权力小的难题，要先运用公司情势，引起老板关注，再逐渐建立起部门的形势，将左右员工升迁等权力转移到人力资源部，最后借用对危机问题的处理树立个人威势。

第五章

# 绩效推行中的用人之道

在绩效推行过程中，会碰到形形色色的人，如何合理运用他们的特点、对他们应分别采用什么策略，以帮助绩效推行落地？

读者伙伴们可以代入一下，自己在实际操作中遇到的是以下几类人中的哪类人。

在绩效推行的过程中完全不配合，还煽风点火、私下挑唆，宣扬“绩效没用”，公然破坏。

在推行绩效时，表面上十分配合，但要求提交的表单就是迟迟不交或者随便给个数据糊弄HR。

对绩效推行的事从不理会，也不予配合，冷嘲热讽，直接拆台。

持续观望，观察其他部门的动作，自己表面答应配合，却没有任何行动。

觉得自己高高在上，看不上HR推行的绩效以及所有事情，不仅不配合，还等着看笑话。

想配合，但是碍于面子，不想做“出头鸟”，偶尔会配合一下，但动作很慢。

嘴上会帮助吆喝、造势，但私下没有任何行动。

嘴上不会表达，直接用行动配合。

HR最喜欢的一种人，应该是嘴上和行动上都配合的，不仅积极配合，还帮助宣传。

人是绩效推行过程中至关重要的一点，也是最难的一点，本章将重点讲解针对不同类型的人，应采取何种方法，才能助力绩效推行成功。

## 第1节

# 绩效推行中的人员分类

HR在绩效推行的过程中可能遇到的人可以大致分为三类，即对抗型、中立型和支持型，而这三大类又可以细分为12小类（如图5-1所示）。

| 对抗型 | 中立型 | 支持型 |
| --- | --- | --- |
| · 公然破坏者 | · 阳奉阴违者 | · 半推半就者 |
| · 暗中捣鬼者 | · 曲高和寡者 | · 呐喊助威者 |
| · 誓死不从者 | · 袖手旁观者 | · 暗中相助者 |
| · 冷嘲热讽者 | · 随风观望着 | · 全力配合者 |

图5-1 绩效推行中的12类人员

第一种，对抗型：公然破坏者、暗中捣鬼者、誓死不从者、冷嘲热讽者。

第二种，中立型：阳奉阴违者、曲高和寡者、袖手旁观者、随风观望者。

第三种，支持型：半推半就者、呐喊助威者、暗中相助者、全力配合者。

## 第2节

# 对抗型人员的运用策略

对抗型人员可以分为以下四种（如图5-2所示）。

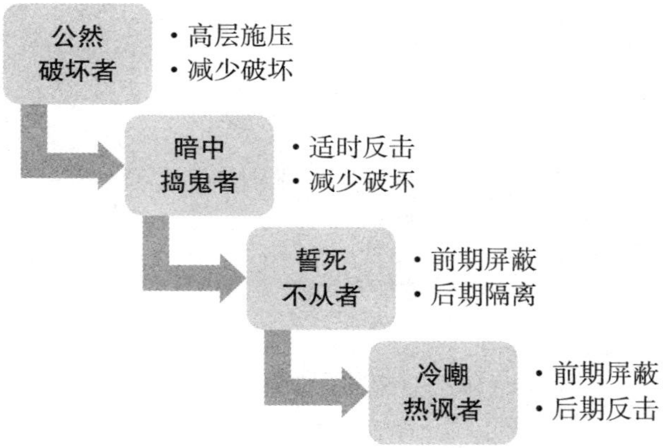


图5-2 “对抗型”人员的运用策略

我们在企业中经常会谈到策略和战略，这里先跟大家谈谈什么是战略。

战略最原始的定义是：指导战争全局的计划和策略。

我们在推行项目之前都要做好战略，因此，在推行绩效项目时确定的战略就是指导全局的计划和策略。

人员是这里的关键要素，因此，我们要做到知己知彼，才能百战不殆。

接下来我们将对这四类人员中的每种人的特点和应对办法进行阐述。

## 一、对抗型——公然破坏者

特点：

不管在公开场合还是私下，不管在台上还是在台下，都是公然叫嚣、抗拒甚至挑衅的。

解决方法：

第一，高层施压：借势而为，无形中对其进行施压，迫使其就范。

第二，减少破坏：少暴露或不暴露核心环节，降低其对项目推行的破坏度。

笔者此前就遇到过这类人，他们在绩效推行的过程中完全不配合，还煽风点火、私下挑唆，并大张旗鼓地对外宣传“推行绩效没用，是HR在瞎弄”；不仅不提交数据，还阻碍别人提交；在绩效会议上也是各种直接打击HR，公然阻碍绩效推行。

后来，笔者公开了他的行为，知会了公司老板和高层，并有意透露给中层和基层：就是因为此人的种种行为，导致绩效推行在数据收集时卡壳，无法继续，按计划要分的奖金无法分配。无形中将他放到多数员工的对立面，给他施压，并借势打压，迫使其不得不配合绩效的推行。

要时刻警惕、防备公然破坏者在被施压后仍不服从并暗中捣鬼，不要把项目的任何信息透露给他，需要他提供的信息或表单，避开他或找他人提供，不对他进行任何的关注，最大化地降低他的破坏。

## 二、对抗型——暗中捣鬼者

特点：

不敢公然对抗，但心怀鬼胎，表面答应或不说话，背后死不配合。

解决方法：

第一，适时反击：掌握证据，运用技巧适时反击。

第二，减少破坏：通过流程、制度或是人员调整将其屏蔽，降低破坏。

笔者曾经遇到过一个生产管理部门的领导，在推行绩效时表面上十分配合，要求他提交表单时他也答应得特别好，但到了截止日期却总找不到他的表单，即便提交了，数据也是被篡改过的。后来笔者收集原始数据核对，发现出入特别大，于是便抓住了这个机会，旁敲侧击地对其进行了批判，迫使其不得不配合。

当然，遇到此类人员，在未抓住把柄时，要提前预防，在有可能被他破坏的地方通过流程与人员调整打好“预防针”，减少损失。

## 三、对抗型——誓死不从者

特点：

完全对抗，无任何配合度可言。

解决方法：

第一，前期屏蔽：从推行之初就屏蔽他，不让其介入任何环节。

第二，后期隔离：在绩效推行顺畅后，仍然隔离他，继续执迷不悟的，将其从团队中彻底隔离。

这类人虽然属于对抗型，但造成的伤害仍在可控范围之内。具体表现为：无论大小会还是邮件，他都不理睬不配合，誓死不从。

此时就不要在他身上浪费太多精力了，在推行前期直接屏蔽他，如果是试点单位的直接人员则可以越过他，需要他提供的资料转由别人提供。当全公司都在推行绩效而只有他一人不推时，他就变得孤立无援了，如果此时他仍誓死不从，那么条件成熟时可以请他离开公司，如果无法请他离开公司，则可以彻底将其从团队中隔离出来。

## 四、对抗型——冷嘲热讽者

特点：

不太配合，关键时候常用语言落井下石。

解决方法：

第一，前期屏蔽：在推行之初屏蔽他，不让他参与，不让他与试点单位的任何人接触。

第二，后期反击：惩罚、隔离、开除。

例如，当绩效推行到一定阶段，取得相应成果时，HR安排发放资金，此时这类人就会说，“发什么资金啊，从来没有发过，这次怎么可能有”，等等，冷嘲热讽，直接拆台，企图动摇部分立场不坚定的人，甚至跟着起哄。

对于这类人员，在绩效推行之初就要直接屏蔽他，让他没有任何机会接触试点单位的人、没有机会搞言语破坏，如果后期仍不收敛，则可直接进行惩罚或者开除。

对于“对抗型”人员，一定要把握好如图5-3所示的三点。

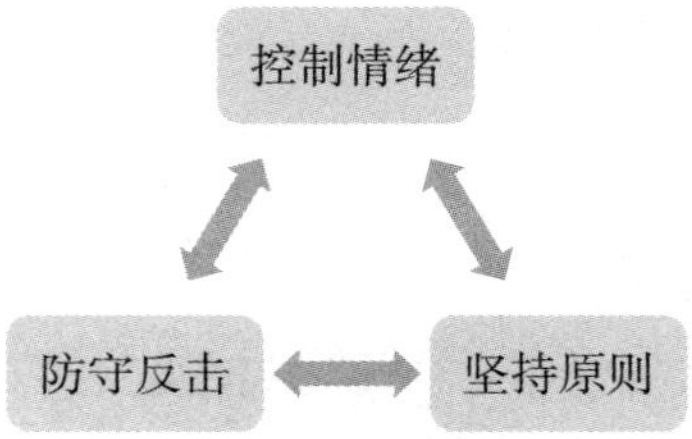


**图5-3　对“对抗型”人员的三点把握**

第一，控制好自己的情绪，不要轻易发火，时刻谨记自己的最终目的，确保绩效顺利推行。

第二，坚持自己的原则，不要轻易让步，时刻以完成结果为上。

第三，冷静分析对方的“对抗点”，找到漏洞，做好谈判，关键时刻防守反击，让对方无话可说。

笔者之前在一家公司推行绩效项目时，有个配合的HR就是这方面没做好，最终“阵亡”了。

其实整个绩效项目的推行严格来说已经步入正轨了，但是这个HR经常容易被别人挑怒，别人稍微不配合、稍微对抗一下，或者在会议上提出一些不合理的要求故意刁难他时，他就觉得别人在针对他。

大家在做绩效的时候，一定要时刻关注自己的重点是什么。重点是把绩效工作推行下去，而不是与这些人的意气之争。

比如，对方在会议中挑衅，既然知道是挑衅，又何必搭理？只要做好自己的绩效管理制度、收集信息，在关键时刻防守反击即可。所以情绪一定要控制好。

比如，有些部门负责人会说，我们都是从某公司出来的，之前都是如何做的绩效，你现在这样做绩效是不行的，肯定做不下去。有些HR这时可能心里就不舒服了，辛辛苦苦做的东西，“在其他部门那里都没问题，只有这个部门刚开始就这么多事”，马上就有情绪了。

其实这个时候，HR应该思考一下，为什么这个部门负责人会这么说，在其他部门都已经实施了的绩效，为什么他还敢这么说呢？他仗的是谁的势？是不是他们部门老大比较强势、在公司有一定的话语权？他在公司是不是“功臣”？是不是公司红人？

其实，只要找到原因就好理解了，控制好自己的情绪，不要让失落、负面情绪影响自己的发挥。

# 第3节

# 中立型人员的运用策略

中立型人员可以分为以下四种（如图5–4所示）。

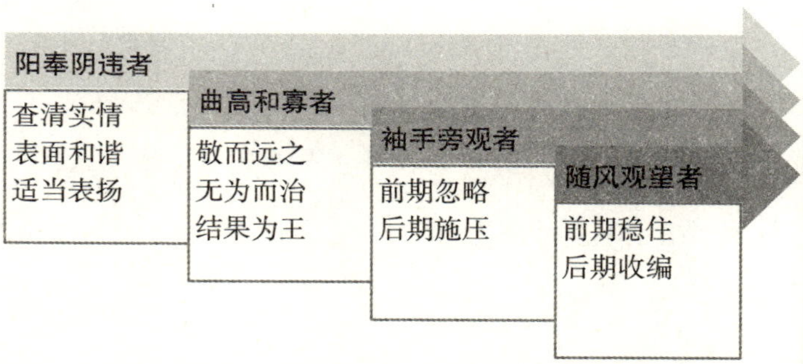


图5–4 “中立型”人员的运用策略

## 一、中立型——阳奉阴违者

特点：

表面答应配合，实际没有行动。

解决方法：

第一，查清实情：“瞒”和“拖”是他们的常用伎俩，HR记得要先下手为强，随时关注他们的行动。

第二，表面和谐：收集并保留证据，沟通时态度要婉转，保持表面的和谐，在关键时刻施压。

第三，适当表扬：在他们有配合的意向时，及时公开表扬，给予肯定。

## 二、中立型——曲高和寡者

特点：

藐视一切，优越感很强，不对抗、不配合。

解决方法：

第一，敬而远之：能不惹就不惹，井水不犯河水。

第二，无为而治：不做无畏之争，不必一较高下。

第三，结果为王：用事实和结果证明，让其信服。

## 三、中立型——袖手旁观者

特点：

一切与我无关，只等着看笑话。

解决方法：

第一，前期忽略：无视、忽略他们即可。

第二，后期施压：需要他们配合时再施压。

## 四、中立型——随风观望者

特点：

不配合、不对抗，左右漂移，典型的“墙头草”。

解决方法：

第一，前期稳住：这类人“不见兔子不撒鹰”，是非常关注个人利益的类型，前期以稳住他们为上。

第二，后期收编：以结果吸引、诱惑他们，让他们顺“势”而为。

对于“中立型”人员，一定要把握好如图5–5所示的三点。

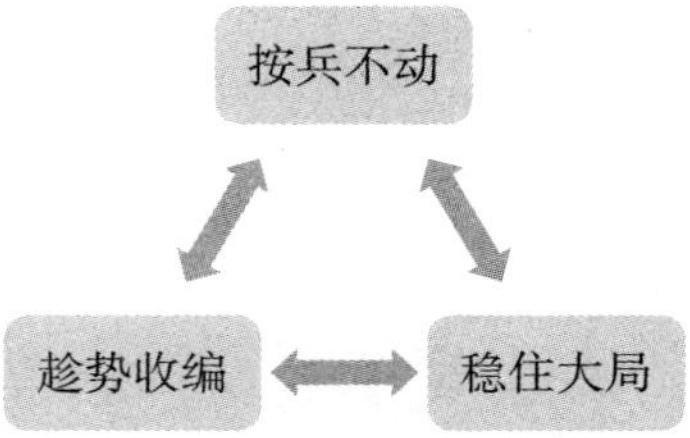


**图5–5 对“中立型”人员的三点把握**

第一，按兵不动，不耗费过多精力。

第二，稳住大局，将其与“对抗型”人员分开。

第三，在绩效推行后期趁势收编。

“中立型”人员在企业内所占的比例较高，通常在70%左右，他们对推行绩效不看好、不对抗，前期不要在其身上耗费过多精力，稳住大局、不让其被“对抗型”人员影响即可。在绩效推行初见成效时则可以趁势将其收编，转化为“支持型”人员。

其实在企业中推行绩效，通常情况下，“反抗型”人员所占的比例在10%—20%，“支持型”人员也差不多，只占10%—20%。所以主体还是“中立型”人员，这也是为什么我们推行绩效时要分阶段试点，如果全面推行则：

第一，可能会有很多人不配合，到时候需要“盯”的部门太多，“盯”不动，最后绩效推行就会被卡住。

第二，任何制度的推行都会遇到很多异常，面铺得太广，异常就会增加，就容易失控，而小范围试点则可以令异常可控。

所以在推行绩效时要分阶段试点，并尽量在这类人中试点，将问题置于自己的可控范围之内，才会更加容易成功。

第4节

# 支持型人员的运用策略

支持型人员可以分为以下四种（如图5–6所示）。

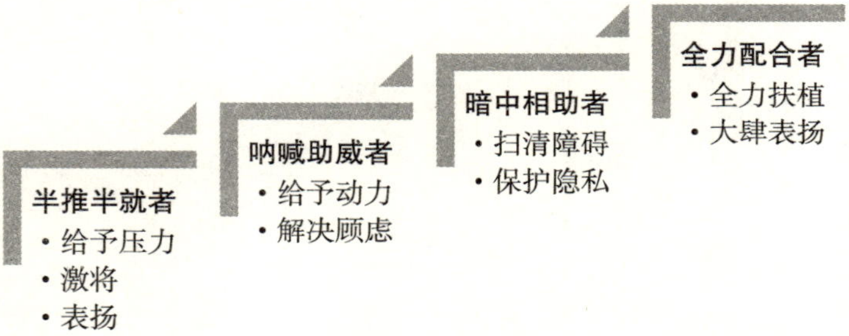


**图5–6 “支持型”人员的运用策略**

## 一、支持型——半推半就者

特点：

碍于面子，不想做“出头鸟”，偶有配合，但动作很慢。

解决方法：

第一，给予压力：运用高层或是其所畏惧的人对其施压。

第二，激将：以言语或打赌的方式，迫使其配合。

第三，表扬：给予其足够的面子，满足其虚荣心，使其在获得认可后给予支持。

## 二、支持型——呐喊助威者

特点：

嘴上会帮你吆喝、会造势，但私下没有任何行动。

解决方法：

第一，给予动力：当他们缺少诱惑及正向激励时，要向他们暗示好处，给予他们权力及动力。

第二，解决顾虑：当他们与上级领导意见不一致时，要帮助他们解决顾虑，给予他们最大的肯定。

例如，笔者曾遇到过一个事业部总监，虽然他不想推行绩效，但表面上仍十分配合，而私下里却无任何行动。在其下属中，有一位科长比较看好绩效，并想为员工谋福利，可又顾及总监的面子不好直接行动。于是笔者在了解其想法后趁机与其进行沟通，告诉他其实总监大体上还是十分愿意推行绩效的，只是有些顾虑，如果有人能够将一切处理妥当，那总监肯定会大力支持，笔者还帮助科长想出了可能出现的问题的解决办法，让他没有后顾之忧，他个人对此乐见其成，于是乐呵呵地接了“任务”，确保了绩效推行的良好开端。

## 三、支持型——暗中相助者

特点：

嘴上不说，暗中帮助。

解决方法：

第一，扫清障碍：对于担心“枪打出头鸟”的人，要帮助其解决后顾之忧。

第二，保护隐私：在绩效推行过程中要保护好此类人的隐私，让其利益最大化。

笔者某学员所在公司，总部裁员后未封锁消息，各个分、子公司均知道了此事。其后没几天，总部又派人去武汉分公司进行技术学习，并确定了绩效奖励1000元/人，可是任务下达后却迟迟找不到愿意培训的人员。

原来总部刚刚裁员，大家都心有顾虑，担心断了自己“后路”，害怕培训完成后，公司把自己裁了。

针对这种状况，笔者给出了如下方案：从符合要求的人之中找出比较看重钱的；调整激励制度，由原来确定的8人拿8000元培训补贴，改为两人拿8000元培训补贴，所有人统一放假，只通知两个愿意培训的人上班。这样既帮他们扫清了障碍、保护了他们的隐私，又确保了想做的人能挣到想挣的钱，帮他们实现个人利益最大化后，HR的任务圆满完成。

## 四、支持型——全力配合者

特点：

嘴上和行动都全力配合，此类人员是HR最喜欢的。

解决方法：

第一，全力扶持：给予其最大力度的支持。

第二，大肆表扬：在绩效推行过程中及推行成功之后进行统一宣传表扬，给予其激励。

笔者之前在企业推行绩效时，对于每个全力配合者和部门都会在公司进行统一宣传，有时候会给予口头表扬，有时候会给予一些激励；在后期对中层干部实施绩效时也是一样，会定期开周会，配合者每周都会提交周报，不管他们业绩做得如何，笔者都会表扬这些人的行为——至少他们是支持、配合公司绩效推行工作的。

对于“支持型”人员，一定要把握好如图5-7所示的三点。

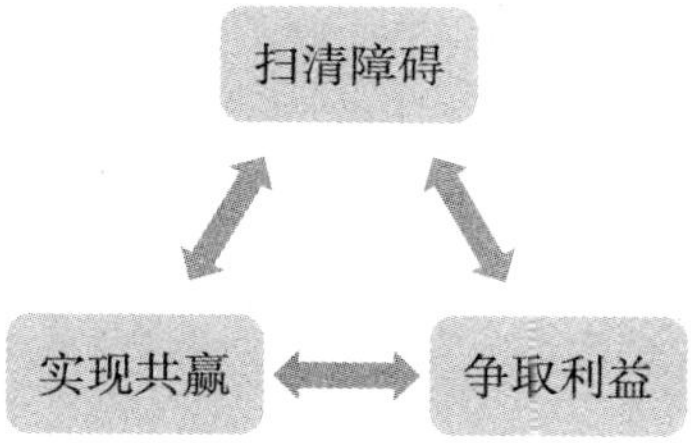


**图5-7　对“支持型”人员的三点把握**

第一，识别障碍，并帮助他们扫除障碍。

第二，在推行过程中及结束后帮其争取利益最大化。

第三，通过整个绩效的推行，实现公司、绩效推行者、配合者的三方共赢。

综上所述，在绩效推行过程中，要应对好不同类型的人，需要注意以下几点。

1. 对于对抗型的人，要控制自己的情绪，坚持原则，在找到他的弱点和错误后，防守反击，迫使他配合。

2. 对于中立型的人，先不要耗费过多的精力在他们身上，同时要注意将他们与对抗型的人分开，在绩效初见成效时，再与他们沟通，寻求配合。

3. 对于支持型的人，要为他们协助推行绩效扫除障碍，并为他们争取相应的利益，实现公司、绩效推行者、绩效配合者的共赢。

第六章

# 绩效推行三阶段的操作策略

推行绩效时，你是否遇到过以下场景？

高层不支持、中层不配合、基层不执行。

在公司进行全面绩效管理，各部门共同开展绩效工作，可是推不动。

你想将绩效工作做得完美，但处处都不完美，纠结。

如何在绩效推行的时候顺利开展工作，使绩效推行成功？绩效推行的三个阶段分别是什么？三个阶段中应注意的事项有哪些？都有哪些实施小技巧？本章将对此进行详细讲解。

第 1 节

# 绩效推行的三个阶段

绩效推行可以分为三个阶段：绩效实施前期、绩效实施中期和绩效实施后期（如图 6-1 所示）。

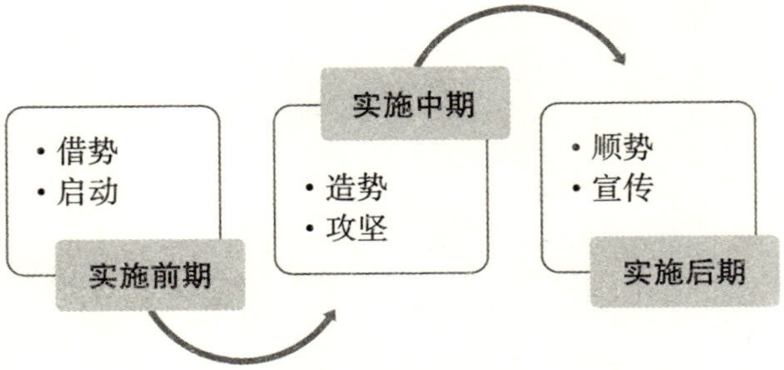


**图 6-1　绩效推行的三个阶段**

实施前期。前期是指推行绩效前的借势和启动环节，包括明确绩效推行的目的、做好绩效推行的规划、选择绩效的启动仪式、选择推行试点部门等。本阶段属于借势和启动阶段，绩效启动前的策划工作要做好。

实施中期。中期是绩效推行最核心的环节，通过试点部门单点突破，在面临各种不利局面和异常的情况下，攻克遇到的各种艰难险阻。在该阶段要通过不断造势，为绩效推行营造良好氛围。

实施后期。当试点部门绩效推行顺利时，就可以将积累的经验逐步运用到其他部门、顺势而为了。在该阶段要做好宣传工作。

例如，笔者曾经辅导的一名学员所在的公司是一家制造型企业，规模已达两三千人，但是公司一直没有推行绩效，为了达到公司快速发展、选拔人才的目的，总公司要求强推绩效，以总公司的副总裁为主导。

推行前请了外部公司做调研，调研数据汇总整理后，总公司副总裁安排了绩效推行会议，与会人员为各事业单位的运营总监。这就是自上而下的推行方式，因为主导人员有权、有资源，可以直接推行。

当时，事业部运营总监对此有很大意见，但是碍于权限，只能私下跟专员吐槽一下，但行动上并不积极，推行过程中HR的压力非常大。

这次启动做得比较成功，并选择从各事业部运营总监开始试行。在一对一的私下沟通中，一些不利的局面被扭转，且实施后确实给事业部的运营带来了变化。因此员工的积极性变高，慢慢也获得了更多运营总监的认可和配合。

得到认可后，绩效便开始在各事业部进行全面推广，他依然选择自上而下的方式，这次绩效推行十分成功。

# 第2节

# 实施前期——借势启动阶段

本阶段是借势和启动阶段，做好绩效启动前的策划、明确绩效推行的目的、做好绩效推行的规划、选择合理的启动仪式、选择合适的试点单位是至关重要的。那么，在此阶段，需要做好哪些规划呢？

## 一、借势启动阶段的步骤

借势启动阶段的操作步骤如图6–2所示。

图6–2　借势启动阶段步骤

## （一）厘清公司形势

1. 发展阶段

公司处在生存期、发展期还是成熟期、衰退期？每个企业在不同的发展阶段所关注的重点是不一样的，企业的发展方向决定了当下的大势，处在不同发展阶段的企业选择的做法完全不一样。

处在快速发展期的企业在管理上会有比较多的问题，它们制约着公司的成长，亟待解决的是管理方面的问题；处在生存期的企业为了“活下去”，需要更多的订单支撑，亟待解决的是订单的问题；处在衰退期的企业面临二次变革，亟待解决的是转型与升级的问题……

2. 关键问题

分析公司问题时要抓大放小，明确关键问题，然后有针对性地解决。

3. 主要矛盾

主要是指公司在管理及经营过程中，员工在关键利益点上的冲突。

在梳理公司形势时要先做加法，再做减法，即深度明确企业所处的发展阶段、企业的关键问题、企业推行绩效想要解决的主要问题分别是什么。

笔者曾服务于一家快速发展的企业，他们在业绩上每年都会翻番，但在管理上存在很多问题，人事、技术、经营、管理、财务，几乎每个部门都或多或少存在问题。经过梳理，笔者发现有几百条之多，但经过筛选后，笔者只给了9条建议，明确了两个问题，即供应链管理及项目管理问题，因为其他的很多问题都是在此基础上衍生出来的，只要解决了这两个问题，其他的问题也就迎刃而解了。

除了关键问题，还要识别出公司的主要矛盾。经过盘点，笔者发现该公司的主要矛盾是激励机制不健全，有些激励不合理、有些激励偏离了方向，导致员工积极性不高；另一个矛盾是供应链管理人员的能力不足。识别出主要矛盾，就知道了绩效推行的方向：既然人才不够，就着重从招聘上下手；既然激励不健全，就从与项目相关的激励机制改善上开始。

管理包括管人和理事，对象分别为人和具体的事务。厘清公司形势主要是事务层面的事，而接下来就要做好人这方面的工作，因为所有的事情，最终都需要人来执行。

### （二）盘点人员心思

厘清公司形势后，还要对人员进行全面盘点。在推行绩效时不要迷恋工具与表单，因为根本就没有绝对合理的指标与绝对公平的目标，只要让执行绩效的人觉得合理与公平即可。

在盘点时，要照顾公司各层人员的诉求，不以自己为基准。

1. 高层诉求

一般情况下，公司高层能够看到公司的发展形势、意识到公司存在的很多问题，所以为了让公司的快速发展不受制约，他们一般会愿意配合绩效的推行。

2. 中层诉求

公司中层可能面临员工离职率高、工作压力大、加班多且没有尽头、无激励措施等烦恼，如果能解决他们的这些痛点，他们也会愿意配合绩效的推行。

3.基层诉求

基层人员普遍面临着工作压力大、没有激励、觉得不公平又无可奈何的烦恼，如果能缓解他们的压力，给予他们一定的激励，他们会更愿意配合绩效的推行。

在盘点时，只有以人员的心思本身为准，想他们所想，针对不同的想法，选择更好、更合理的方式，更合适的推动技巧及更贴切的筹码，跟他们进行借势、造势和顺势，才能保障绩效的推行。

## （三）选择合理方式

1.提前布局

推行绩效前，一定不要在没有布局的情况下贸然推行，务必要提前做好规划与造势。

在试点单位是哪个、绩效应推行到什么程度、绩效相关的制度梳理有没有做、在绩效推行的过程中可能会发生的事情有哪些、相应的替代方案有没有做、推行绩效的协助者是谁、绩效应以什么方式启动等方面都要做好布局。

2.效果最佳

要提前想好绩效的启动是以培训、会议还是成立项目组的方式进行，而最终选择哪种方式，要以能达到最佳的借势效果为准。

3.规避风险

此处还要考虑规避风险：万一绩效推行失败怎么办？风险有多

高？假如没有失败，会产生怎样的影响？

### （四）锁定最佳情势

方式选好后，就需要借用一个合理的形势，有以下四种“势”可借。

1. 借公司的“势”

例如，公司在上市前需要核查公司的制度是否健全，如果公司上市必须要推行绩效，那么谁阻挡绩效的推行，谁就是在间接阻挡公司上市，HR可以顺理成章地推行绩效。

2. 借高层的“势”

如果高层要求HR必须在某个时间点前推完绩效，HR就可以说是应某位领导的要求而顺理成章地推行绩效。

3. 借干部的“势”

如果推行绩效正好能够帮助中层及基层改善在管理中出现的问题，那么这也是一种可以借的“势”。

4. 借员工的“势”

如果基层有想法，HR就可以以他们的需要为出发点推行绩效。

无论借谁的“势”，都要借用他们“最需要的”那一点，并及时进行宣导。要抓住人们忌讳“犯众怒”的心理，厘清公司当下的形势，了解每个人的诉求点，选择合理的方式，锁定最佳的情势，在大家有需求及痛点最痛的时候将绩效方案一举推出。

## 二、操作注意事项

准备工作做完以后，在具体的操作时，就应该注意如图6–3所示的事项。

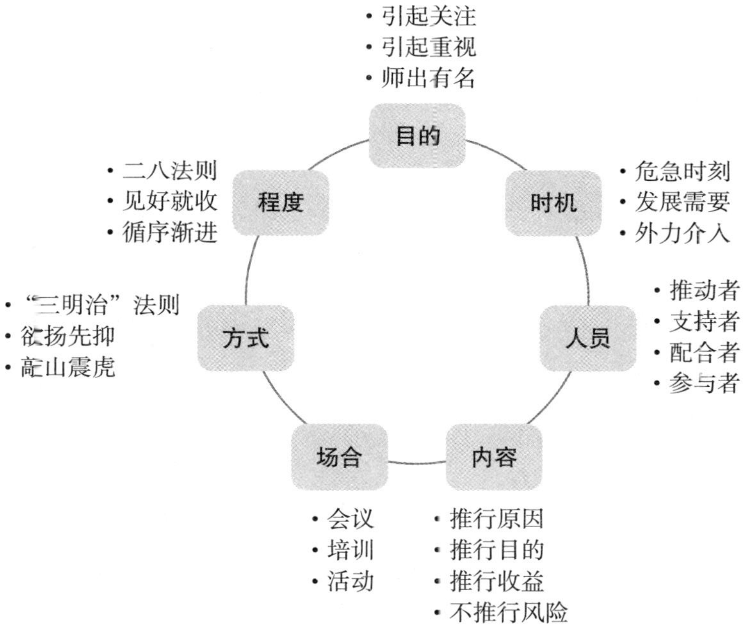


**图6–3 启动、借势阶段的操作注意事项**

### （一）目的

做任何事情都要以终为始，在做之前需要先明确推行绩效的目的，绩效启动时也要明确召开会议的目的是什么。在实际操作中，召开会议的目的可能有以下几种。

第一，引起全员关注，让大家知道公司要推行绩效。

第二，引起全员重视，这样大家才能更好地配合，至少要让试点单位的人重视起来。

第三，让绩效推行“师出有名”，让后面的工作名正言顺。

### （二）时机

即要选择合适的切入时机。

第一，危急时刻，即企业处于危机中，引起了老板的震怒或是全员的重视时。

第二，发展需要，即企业发展进入关键时刻，产生一系列问题、发展已经受到了严重制约时。

第三，外力介入，即外力介入，如公司需要借助第三方机构进行公司情况梳理，推行绩效时。

在老板非常重视的时候，就是推行绩效的最佳时机。

### （三）人员

推动者：HR本人，全权负责项目的推行，如有第三方机构，则HR负责项目的对接工作。

支持者：公司高层或老板本人。

配合者：推行绩效的试点单位，配合绩效的顺利推行。

参与者：也是协助者，协助整个绩效的推行。

在绩效启动会议上，这四类人员都需要到场，尤其是最高的支持者一定要到场，以显示高层对此的重视，为后面的顺利推行打好基础。

### （四）内容

具体内容包括公司绩效推行的原因、目的、能够带来的收益以及不推行可能带来的风险。

### （五）场合

会议：绩效启动会议。

培训：引进绩效项目的培训。

活动：周年活动或者拓展活动。

绩效启动一定要在相对正式的场合进行，要在老板和全员都在场的情况下趁势宣讲、推行。

### （六）方式

企业推行绩效主要想解决的问题有三类：

第一，解决当下的问题，即企业在发展中真正存在的问题；第二，解决未来的问题，即为企业未来的发展状大做准备；第三，在现有基础上提升：企业目前发展状况良好，还想做得更好。

基于以上三种情况，可以使用以下三种宣讲方式。

1.“三明治”法则

先肯定公司的过去，再否定公司的现在，然后展望公司的未来。例如：公司发展多少年了，过去立过很多功劳，但现在存在很多问题（举例证明问题的存在），只有通过绩效的推行才能解决，未来公司一定能做得更好。

2. 欲扬先抑

即直接否定过去。笔者某学员所在的公司成立了好几年，一直未能盈利，但老板每年都会发绩效奖金给员工，老板对此很无奈但又无法改变已成惯例的现状，便找到该学员，想让他有针对性地解决此类问题。老板担心直接停发奖金会引起员工内部强烈的反弹与波动，同意奖金仍然可发，但他表示要让员工明白：这份奖金本来是没有的，是他顾念大家过去的辛苦，自掏腰包支付的。

此时笔者就教这位学员使用欲扬先抑的方法。先告诉大家：公司成立几年一直没有赚钱，并拿出经营数据给大家看，让大家明白这个事实。然后在大家士气低落时说明：虽然公司亏钱，但是老板一直自己拿钱给大家发放奖金，给大家造成心理上的压力。在打击得差不多的时候，话锋一转：虽然公司前几年亏钱，但这两年的发展还是很不错的，亏损的比例也在逐渐下降，基于此情势，如果管理到位、将绩效管理完善起来，来年定会扭亏为盈，公司赚钱后，奖金定会更加丰盛。

3. 敲山震虎

针对忽视公司存在的问题、自我感觉良好的员工，可直接展示他们的数据，让数据说话，迫使他们自我反省。

### （七）程度

1. 二八法则

即将 80% 的精力放在当下最核心的问题上，将 20% 的精力放在其他问题上。先保证框架健全，不追求完美、不过分迷恋制度的精细，确保能将绩效顺利推行下去是最大的前提。

之前有学员提出了很多关于绩效制度的问题，其实在绩效刚开始推行的时候，制度定得越详细，越难以推行。

推行前期的目的是要让大家知道绩效，对绩效制度有个概念，在大环节上没有遗漏即可，具体的细节则要依据自己公司的实际情况进行修改。

大多数HR总是习惯性踩入这个“坑”，比如找别人要一份非常完善的制度或者在网上下载一些制度，事实上，能够完全符合自己公司实际情况的制度基本上是没有的。

因此，二八法则在这里的意思就是要抓大放小。

2. 见好就收

在收集数据时，不要追求完美主义，要做好取舍，保证大方向的一致性与公平性即可，见好就收，能放则放。

3. 循序渐进

制度、体系与布局都是在过程中不断迭代、逐步完善的。

## 三、启动环节的必要工作

在绩效的启动环节，务必要做好如图6–4所示的三点。

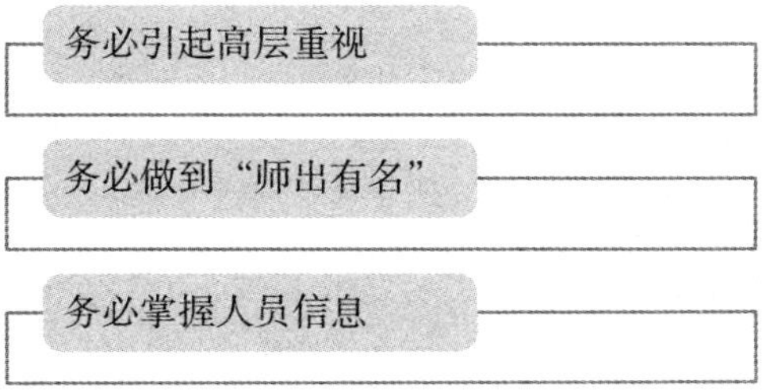


图6–4　启动环节的必要工作

### （一）务必引起高层重视

通过使用邮件、电话、关键事件汇报等方式，或借助外部力量，务必引起高层的重视，因为绩效能否顺利推行，高层的重视是至关重要的。

### （二）务必做到“师出有名”

推行绩效之前一定要“师出有名”，并使流程看起来顺畅、毫无违和感，在启动环节就将其设计到位，使人无从“找茬”。收集绩效数据这件事只有提前在制度中予以明确，执行时才会名正言顺。

### （三）务必掌握人员信息

只有充分了解，才能用不同的方法有针对性地解决不同人员的问题。

可以说，在整个绩效推行过程中，最大的困难都来自人以及人的配合，对HR来说，想要解决人的问题，就要对人的信息了如指掌，只有充分了解人的信息，才能真正按需匹配、满足到“人”，按需推行绩效。

# 第3节

# 实施中期——造势攻坚阶段

## 一、选择试点

本阶段是造势和攻坚阶段，为什么把这个阶段称为实施阶段的中期？是因为在此阶段，公司有很多部门都进入了真正的绩效推行阶段，而万事开头难。所以在启动项目之后，要先把试点做好（如图6–5所示）。

**图6–5　造势攻坚（选择试点）**

部门单点就是指公司里的某一个部门；岗位单点就是指部门里的某一个岗位；人员单点就是指岗位上的某一个人员。

比如，某制造型企业在绩效推行时选择了工程部和项目部作为试点部门，因为这两个部门作为公司项目交付阶段的龙头，在公司中比较重要。被选为试点单位后，HR了解到工程部共有八个岗位，其中机械设计工程师和团队经理两个岗位的问题比较严重，于是就将这两个岗位选为了试点岗位。在团队经理的八人里，有四人对绩效推行比较热衷、两人观望、两人持怀疑态度，于是在选择试点人员时就选择了愿意配合的四个人。

部门、岗位、人员都选择好后，还需要谨记二八法则，永远要将80%的精力放在最重要的事情上。

## 二、具体操作方式

在绩效推行时的具体操作如图6–6所示。

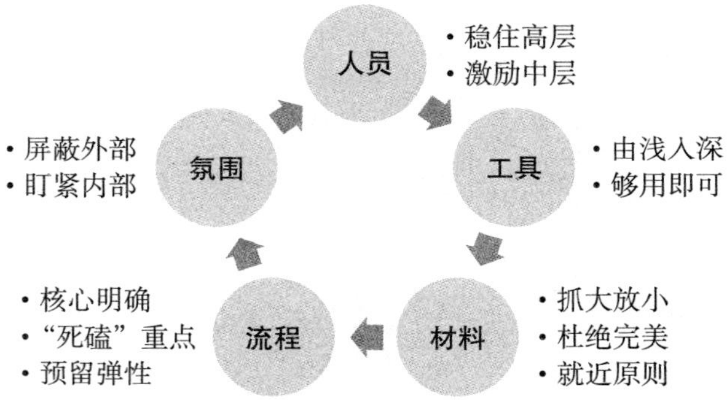


**图6–6　绩效推行的具体操作方式**

### （一）人员

稳住高层：在绩效推行时，获得老板和各个副总的支持很重要，HR要充分表明立场，给他们留足面子，使他们不过多干涉具体的绩效推行工作。

比如，有些高层可能不配合、不支持绩效推行。这时可以表达出"您的部门目前做得还不错，暂时不需要推行绩效，我们先选择其他部门开始实施绩效”。并在会议上表明立场，使得他们不过多干涉你的工作即可。

切记，在还没有绩效成果的时候，千万不要先“动高层的奶酪”。

激励中层：中层是绩效推行的主力，前期要多给予正激励，后期再设定负激励，激励时要多找痛点，才能实现有效激励。

## （二）工具

由浅入深：不要迷恋工具、不要依赖软件，设定指标时要考虑实用性与落地性。

够用即可：符合当下情形的工具才是最好的，够用即可，切忌贪多。

## （三）材料

抓大放小：抓住关键，如设定KPI时有五项指标，其中交期和质量的指标最为核心，所占权重较高，另外三项指标所占权重较小，当这五项数据不能同时保证时，要以核心指标为主。

杜绝完美：在获取交期和质量的指标数据时，不要一味追求完美，如出现少量缺失，可以参照执行，以完成任务为准。

就近原则：在收集信息与数据时，以近期数据为准，还要验证其合理性。

## （四）流程

核心明确：确保绩效流程与程序管理文件、管理办法、表单，确保核心明确，主要是明确员工的关注点、老板的关注点及HR本身的关注点。

例如，在绩效推行的过程中，大家比较关心考核数据的收集是否及时公平、所确定的绩效目标个人是否能够达成以及绩效奖金是否能够如期拿到，这三个核心就需要非常明确，过程中不能含混不清，给人“大忽悠”的感觉。老板在绩效推行中关注的目标和需要支付的奖金额度也需要明确，HR关注的全员的配合态度和数据的准确及时性也要明确。

“死磕”重点：一般的项目能放则放，但对于重点项目一定要“死磕”到底。

在绩效推行的过程中，数据的及时性与有效性有时会有失公允，为了保证数据的及时与有效，一定要做好收集工作，坚持原则，“死磕”到底。

预留弹性：在制度上要预留弹性，做好各方利益的平衡，不要迷恋流程的完善，要适时做出变动，以便使多方共赢。

在公司亏损的情况下，老板是不愿意再发放奖金的，但员工就会觉得自己的付出没有得到对等的收益，当两方意见不一致时，就需要HR在制度中对此加以说明。

### （五）氛围

屏蔽外部：在造势攻坚的敏感阶段，对于外部的干扰要忽略及屏蔽，挡住负面声音。

盯紧内部：观察推行绩效的部门及各中层的配合度，时时洞察他们的状态是否正常，有异常时要及时调整。

## 三、把握要点

造势攻坚阶段要把握好如图6–7所示的四点。

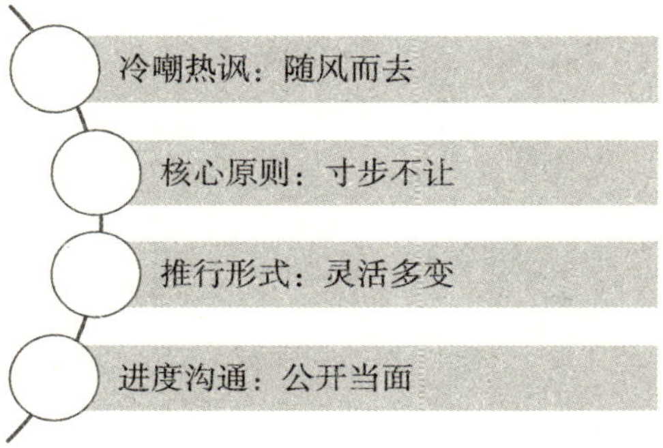


**图6–7 造势攻坚四点把握**

### （一）冷嘲热讽：随风而去

造势攻坚阶段，考验的不仅仅是HR的专业技能，更是心态考验。通常情况下，HR会碰到诸多异常，其间也会受到来自外界的各种冷嘲热讽，倘若绩效推行者过于关注这些干扰，受其影响，则心态很容易失衡，导致动作变形、攻坚失败。

笔者在一家企业做咨询时推行过绩效，一开始就受到员工的质疑，部分公司元老也不看好。其中一名业务部经理在开各部门指标讨论集体会的时候，公然当着人力资源和其他部门的面，很鄙视地说出“公司在胡乱折腾，以前折腾失败了，现在又开始瞎折腾，有这精力和咨询费还不如多给员工发点钱”之类的言语。

笔者虽然在过程中处理了这个异常，把这位元老提前支走了，却发现公司的人力经理明显情绪不对劲，会议结束后，笔者单独找到这位人力经理（她是该绩效项目的负责人）沟通，教她调整自己的情绪，对于这类冷嘲热讽，就是要用实际行动忽视他们。再后来，再有其他人发表类似言论时，这位人力经理就基本能应对自如了。

### （二）核心原则：寸步不让

在绩效推行的不同阶段，要有所为有所不为，对于一些关系到整个项目成败的核心原则绝不能让步，否则整个绩效推行工作便离失败不远了。

有些公司的绩效推行之所以失败，是因为数据的来源不可靠，都是各部门领导自己打分，最后全部变成了暗箱操作，而做绩效改变的核心就是要确保数据来源的客观性和及时性。这是关系到绩效推行的核心原则，必须寸步不让，确保数据一定来源于第三方而不是各部门，以避免数据造假；对于绩效数据提交时间也要寸步不让，以确保绩效数据能按时间节点和流程提交，因为数据一旦流于形式，绩效推行就势必功亏一篑。

### （三）推行形式：灵活多变

不必纠结和拘泥于一定要做什么工具、一定要做什么表单、一定要做什么软件，根据公司实际情况灵活调整，合适的才是最好的。

### （四）进度沟通：公开当面

一定要在公开场合（会议或邮件）对做得好的进行表扬，对做得不好的用数据及时间点予以说明、提醒，先礼后兵，确保绩效顺利推行。

## 第4节

# 实施后期——顺势宣传阶段

## 一、总结盘点

本阶段为绩效推行的顺势宣传阶段，务必要做好总结盘点（如图6-8所示）。

**图6-8 顺势宣传，总结盘点**

### （一）查漏补缺

反思在试点推行时的不足，总结经验及过程中所碰到的问题，复盘自己的解决方法与思路，以便提前预测和规避问题并形成预案，以利于后面的全员推行。

### （二）以点带面

按计划以点带面，从试点单位逐步扩展到其他部门，把上下游单位逐个打通。

### （三）全员推进

从点到面、逐步实施，直至全员推行。

### （四）构建体系

全面推行成功后，体系也就在此过程中无声地建立了起来。

许多HR都容易陷入一个误区，即在公司推行绩效还是零基础或者基础比较差的时候，上来就全员推动。

正确的顺序应该是构建体系—全员推进—以点带面—查漏补缺，这也是很多HR推不动绩效的原因。

## 二、实施要点

绩效实施后期的四大要点如图6–9所示。

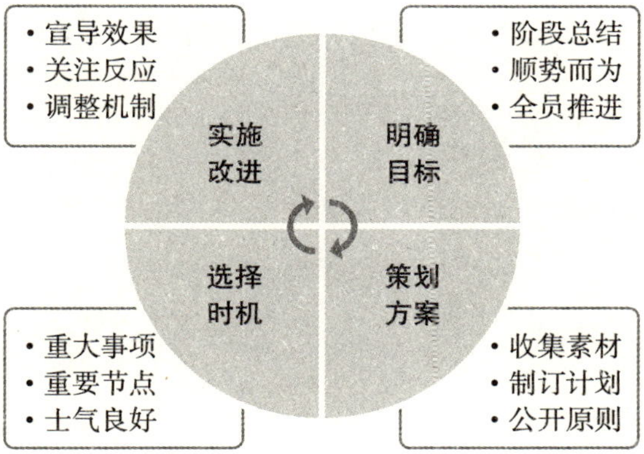


图6–9　顺势宣传的实施要点

### （一）明确目标

进行阶段总结，顺势而为，进行全员推进。

### （二）策划方案

秉承公开的原则，将试点单位绩效推行前后的各种问题与数据进行对比，依据5W2H（Who，Where，When，Why，What，How，How many）的方法确定详细的全员推进计划。

### （三）选择时机

在重大事件发生时、公司发展的重要节点上以及员工士气较为良好时进行全员的绩效宣传，这对全员推行来说是个很好的机会。

### （四）实施改进

当绩效宣传做完后，还要观察各人的态度、了解宣导的效果，看大家对绩效是否充满期待；此外，还要观察试点部门的奖金发放后大家的反应，并趁势收集意见，进行机制的细微调整。

## 三、注意要点

在顺势宣传的阶段，要做好如图6–10所示的三点。

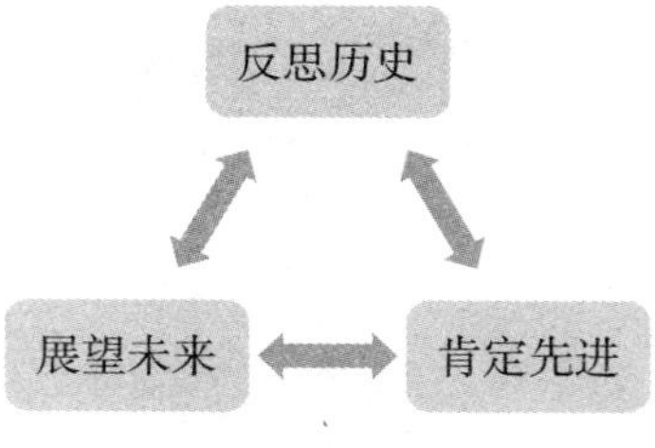


图6–10　顺势宣传的注意要点

### （一）反思历史

总结以往工作、查漏补缺、去伪存真；将优势继续保持和不断迭代、优化、完善，剖析绩效推行时的一些缺失和待改进的点，找出改进方法、做出提升方案。

### （二）肯定先进

肯定在试点单位中积极配合的人员，做好宣传、树立标杆。

### （三）展望未来

在开会时肯定现在、展望未来，做好造势，“相信未来会更好”。

在推行绩效时，可以将此三阶段的情景对比代入，只有真正掌握其中的核心与逻辑，才能确保绩效的顺利推行。愿天下没有难推的绩效！

综上所述，要想顺利推行绩效，需要注意以下几点。

1. 实施前期，借势造势。基于公司的形势，盘点人员的诉求，选择合理的方式，在最佳的情势下进行绩效启动工作。

2. 实施中期，造势攻坚。通过试点部门、试点岗位、试点人员进行单点突破，注意推行中人、机、料、法、环的各个要点，坚守原则，灵活变通，内心坚定，时时沟通，确保绩效试点成功。

3. 实施后期，顺势宣传。通过对中期的推行工作查漏补缺，总结经验、复制经验，进而全员推进、构建体系，对在绩效推进过程中积极配合的人员，要进行激励宣传。

第七章

# 无效绩效激励中的难题破解

在日常绩效激励工作中往往会遇到以下场景。

通过绩效激励，对绩效达标的员工进行了奖励，被奖励的员工不但没有什么感觉，反而还对公司产生了抱怨。

对绩效考核不合格的员工进行了负激励，导致他们对公司、对上级、对人力资源部门产生不满，甚至产生一些过激的做法。

对绩效优秀的员工进行了正激励，然而在没有激励之前，员工的绩效很好，绩效激励后，绩效反而不能达标了，工作态度变差了，工作积极性也降低了。

还有一些公司通过召开各种会议建立了非常完善的绩效激励机制，而且也做了各个环节的考评、访谈等，但当真正进入绩效激励环节时，公司的激励性还是不足，给不了员工想要的激励，最后严重打击了员工的士气和积极性。

绩效激励是每家公司都需要的机制，而针对企业的不同发展阶段、不同人群、不同岗位，其激励的方式是不一样的，本章将重点讲述绩效激励中各种难题的破解方法。

## 第 1 节

# 绩效激励的四大难题

在真正绩效激励过程中容易碰到如图 7–1 所示的四大难题。

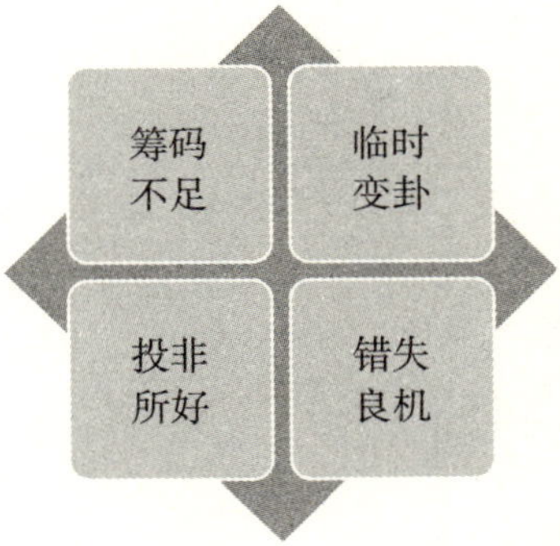


图 7–1　绩效激励的四大难题

### 一、筹码不足

公司建立了非常完善的绩效激励机制，而且在推行绩效时，要求大家提供各种各样的数据、要求他人配合，设定了绩效考核指标，也做了绩效访谈等工作。但到了激励环节，公司的筹码却不足了，给不出别人想要的激励，严重打击了员工工作的积极性。

## 二、临时变卦

公司通过各种方式确定了绩效激励的额度，但当绩效结果出来之后，公司领导却说绩效奖励太高了，并用文字游戏重新调整绩效奖励，没有兑现承诺员工的激励。

## 三、错失良机

公司的绩效兑现周期过长，过程中该激励的时候没有进行激励，绩效结果达成后的激励也未及时兑现，时机把握得不准。通常来讲，兑现时间越早、周期越短，员工越开心。如果拖得太久，错过激励的良好时机，就会使整个激励面临一些问题，难以保证绩效激励的持续性。

笔者有位学员所在公司的人力资源部门在公司推行绩效后，某员工的绩效指标各项是能够及时达成的，并且是部门中完成最好的，应当奖励，但是由于当时的绩效推行流于形式，没有对应的数据信息支撑分数的有效性，因此公司没有给予额外的激励；虽然绩效分数是年底升职加薪的依据，该部门主管也没有及时为其申请。

该员工等了一年，依然没有动静；此后，这名员工的工作情绪和积极性越来越低，直至离职。

因此，绩效激励一定要注意时机，时机把握得好，就可以形成良性循环。

## 四、投非所好

即没有根据员工的特质分析需求。HR在绩效激励时往往不是按照别人的需求，而是自以为是地设置激励。

有些员工需要的并不是金钱，可能是换岗、晋升，有些则看重权力和自己的发展。想要物质激励的，收到了精神激励，想要精神激励的，却收到了荣誉激励，这就是投非所好。

在推行绩效激励时要了解清楚，绩效激励到底激励谁、激励内容是什么，这是很关键的。而很多HR往往一谈到绩效激励，第一反应就是金钱，第二反应就是“一刀切”，忽略了人的特性。在现在这个时代，许多年轻员工并不完全看重金钱，有些年轻员工甚至根本不差钱，他们要的是认可、尊重和自我价值的体现。

第2节

# 绩效激励的七个要素

要想做好绩效激励，就要把握好如图7–2所示的七个要素。

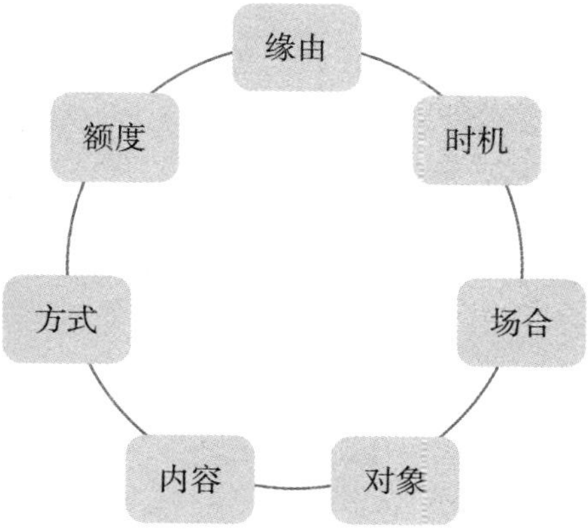


**图7–2　绩效激励七要素**

缘由　为什么要激励、激励的目的是什么。

时机　激励的时机，即在什么时间进行激励。小型激励要起到“及时雨”的作用，兑现周期越短越好、越早越好，最好是马上激励；中型激励要起到增加荣誉感的作用，兑现周期一般以月和季为主，需要适当酝酿，给人以期待；大型激励则要起到仪式感的作用，兑现周期一般以期和年为主，需要厚积薄发，给人以惊喜。

场合：在什么样的场景下激励才能使效果达到最佳。

对象：激励的对象有哪些人、激励多少人。激励的人数过少，则难以调动起大家的积极性；激励的人数过多，又会变成“大锅饭”。

内容：激励的内容是什么、准备拿什么进行激励。

方式：用什么方式激励别人。

额度：激励的额度是多少、激励的筹码是什么。激励的额度需要结合公司资源确定，综合评估部门资源和员工需求，争取把“好钢用在刀刃上”。

一般而言，激励分为三大类，即物质激励、荣誉激励、精神激励。

要想做好绩效激励，除了破解前面的四大难题，还必须把绩效激励的七大要素做好，任何一个要素没有做好都会出问题，都会对绩效激励造成重大影响，甚至导致整个绩效激励崩盘，出现负面影响。

# 第3节

# 绩效激励的三项原则

在真正落实绩效激励的时候，还要遵循如图7-3所示的三个原则。

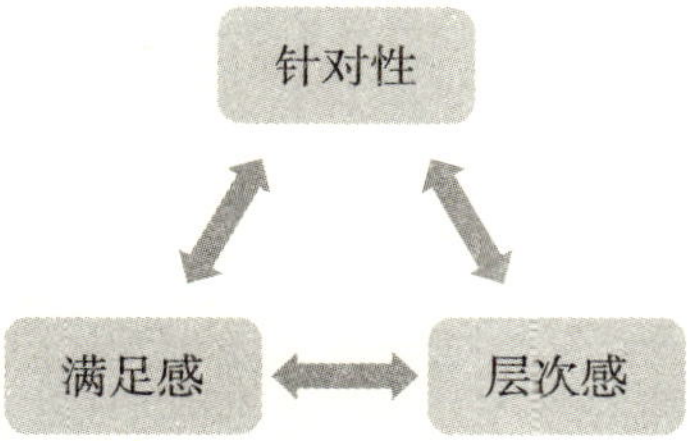


图7-3　绩效激励三原则

## 一、针对性

激励要有针对性，不是什么人都要激励，不是什么行为都要激励，只激励对推行绩效有利的并且是想要激励的人。

## 二、层次感

在兑现奖励的时候，不要做成“大锅饭”和“一刀切”，要营造出层次感，以体现公平性并保证员工的心理平衡。

有些公司通过绩效考核，对绩效结果排名前30%或50%的人员做绩效激励，结果大家拿到的钱是一样的，这就是缺少层次感，让大家感觉只要过了某个标准都一样，工作越来越没动力。

## 三、满足感

激励的额度能够达到对方的心理预期。

例如，某员工的薪资是10000元/月，那么绩效奖金100元，就不具备任何满足感，至少也要发500元，才会有一定的激励作用。

满足分为绝对满足和相对满足，可以通过对比来达到心理平衡，例如跟自己对比、跟别人对比。

# 第4节

# 选取恰当的激励缘由

## 一、绩效各阶段的激励缘由

| 启势 | 造势 | 顺势 |
| --- | --- | --- |
| · 激励态度<br>· 关注参与<br>· 启动绩效 | · 激励行为<br>· 关注配合<br>· 开展绩效 | · 激励结果<br>· 关注结果<br>· 全面推动 |

**图7–4　选取恰当的激励缘由**

在进行绩效激励时，不仅可以基于绩效结果进行激励，在绩效推行的各个阶段都可以进行激励，而在各个阶段进行激励的缘由是不同的（如图7–4所示）。如果只在绩效推行全部结束后进行激励，那么这种激励就相对比较滞后。比较好的激励是，为了保证绩效结果的达成，对过程、对结果进行及时激励。

### （一）启势阶段

激励态度：在推动绩效的启动阶段，看大家参与的态度、配合度，决定是否激励——谁配合，就激励谁。

关注参与：在推行绩效的前期，看大家参加绩效会议、帮助收集数据等行为的积极度决定是否激励——对有这种行为的人进行激励。

启动绩效：为了绩效的顺利启动进行激励。

### （二）造势阶段

激励行为：该阶段更多激励实际行为，需要他们有什么样的行为，就激励什么样的行为。

关注配合：推行绩效工作时关注更多的是大家的配合度，于是就可以基于大家对绩效工作的配合度进行激励。

开展绩效：激励行为、关注配合，为了绩效工作的顺利开展进行激励。

### （三）顺势阶段

激励结果：通过一系列绩效工作的展开，各项数据和信息都有了明确的结果，这时就要对想要的结果和目标进行激励。

关注结果：根据绩效考核的结果进行激励，因为这时更关注的是实际业绩的达成。

全面推动：为了绩效管理工作的全面推动进行激励。

随着绩效启势、造势和顺势三个阶段的完成，整个绩效体系完全搭建起来，接下来就是绩效的推行工作，此时，该激励行为就激励行为，该激励态度就激励态度，该激励结果就激励结果，一定要进行全方位的激励。

## 二、激励缘由的关注点

在实际操作过程中，激励的要点有如图7–5所示的几项。

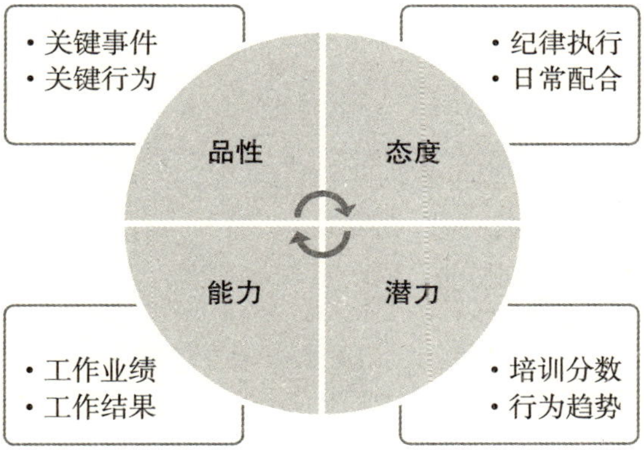


图7–5 激励缘由的关注点

### （一）品性

关键事件：针对公司的实际要求，把公司比较看重的关键点写进绩效激励中。

有些公司在绩效考核的时候会增加一些日常行为要素，如某人做了公司鼓励的事情，于是就针对这件事情进行加分，同时在公司进行宣传表扬。

关键行为：如有些公司在价值观上要求员工无条件满足客户的各种需求，这时如果某员工的某种行为达到了这个标准，就要进行激励。

### （二）态度

纪律执行：指日常工作的出勤与违纪情况等。

日常配合：指日常工作中的配合度。有些公司会专门针对跨部门工作的配合度进行考核，总之，公司激励什么，绩效就考核什么。

### （三）潜力

培训分数：一些成熟型企业为了通过绩效选拔人才、了解员工的潜力，会在绩效考核表里加上培训和综合学习分数的指标，针对学习积分较高的人进行额外的激励，这即是关注人的潜力。

行为趋势：是指一些公司采用360度评估法*了解一个人的潜力，而根据大家对某个人的行为反应得出这个人的行为趋势，最后分析这个人是否有潜力、是否具有某个岗位的核心胜任素质，然后对其进行调岗或晋升。

### （四）能力

工作业绩：指根据员工在工作岗位上做出工作业绩的大小进行激励。

工作结果：指根据员工在工作岗位上做出结果的好坏进行激励。

---

* 360度评估法：绩效考核方法之一，其特点是评价维度多元化（通常是4元或4元以上），该评估法适用于对中层以上人员的考核。

绩效管理中没有对与错，关键是要弄清公司需要什么。

有些伙伴会提到，想要通过绩效增加公司收入。这要根据公司实际情况考虑，因为并不是所有的公司都需要通过绩效增加收入。有些公司本身就不缺订单，也不需要通过激励员工增加收入；同样，利润非常高的公司，也不需要通过激励人员降低成本。这时候公司关注更多的是员工的态度、向心力，或者企业文化。因此，每个公司的考核内容、管理内容都不同，最后你会发现一些业绩比较好的员工没有获得奖励，而业绩一般但工作态度好的员工反而获得了奖励。

这是依据企业所处的不同发展阶段、企业的需求而定的，公司需要什么，就激励什么，这才是最适合企业当下状况的激励。

第5节

# 把握正确的激励时机

激励的时机，按照额度可分为如图 7–6 所示的三类。

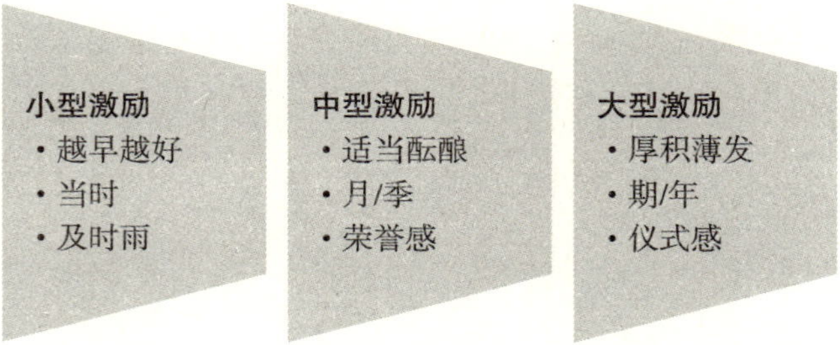


图 7–6　把握合适的激励时机

## 一、小型激励

口头表扬、发放很小的奖金等都属于小型激励。

越早越好：如果想表扬或批评对方时，应越早越好，时间等待较长反而会失效。

笔者在一家高科技上市公司现场推行绩效激励的时候，其中就有一项要求，即管理干部每天都要填写一张绩效分数表单，表单中有二十多项行为标准，如果发现下属某一点没有做到位或者某一点做得比较好，符合正/负激励的某一条款，必须即时记录，并针对记录的内容，当场对当事人进行绩效激励。

当时：当你发现你的下属在工作中没有做好、没有做到位时，应及时指出，不要等到错误无法挽回时再告知，因此，正负激励都是越早越好。

及时雨：当你发现员工的某一项工作做得比较好或不好时，都应及时进行激励，否则正激励起不到宣导作用，负激励也起不到警示的作用。

假如绩效激励没有及时兑现，过了一两周员工查分的时候问你，某处为什么会扣分？此时你再告诉他，某月某日你犯了某错误，所以扣分。那员工就会想，你为什么当时没有及时告诉他？是不是在针对他？是在秋后算账？

这类事情在绩效访谈中经常被提及，主要原因就是绩效激励的时机没有把握好。

## 二、中型激励

适当酝酿：如果激励不是很小，就要让员工有一定的期待，以及适当的酝酿时间。

月/季：这个周期不宜太长，一般以月/季为单位。时间太长会增加员工的失落情绪，时间太短又会使激励缺乏诱惑。

荣誉感：除了金钱外，还需要及时给予员工荣誉感。

## 三、大型激励

厚积薄发：这是员工的长期积累，是一种特殊的奖励手段，一定要做到厚积薄发。考虑到公司的筹码、资源有限以及人性的欲望，如果一年两三次大激励，后期再给予小的激励，便难以产生激励作用。

期/年：大型激励的周期要以年为单位。

有些公司以年为周期，还有些公司以两年或三年为周期，以战略规划为周期进行激励。

仪式感：大型激励一定要有仪式感，要让大家觉得这是经过长期坚持不懈的努力与付出，终于获得的相应的激励，这样才能真正调动大家的积极性。惩罚也是一样的逻辑。

有些公司每年年底会进行末位淘汰，于是一到这个时间，大家就比较紧张、严肃。

## 第6节

# 选择合适的激励场合

针对不同的激励情况，要选择不一样的场合（如图7–7所示），要根据公司的实际情况和想要达到的目的进行选择。

| 1 | 2 | 3 | 4 | 5 |
|---|---|---|---|---|
| · 公开<br>· 私下 | · 整体<br>· 局部 | · 线上<br>· 线下 | · 内部<br>· 外部 | · 正式<br>· 临时 |

**图7–7　选择合适的激励场合**

公开：如果在实施绩效过程中有些员工的行为比较好，HR想以该行为激励对方并进行造势，就可以在公开场合表扬。

私下：如果员工的绩效不好，HR想通过激励来刺激他，而且员工非常要面子，就可以私下激励。

整体：如果公司想全面推行绩效，而某一部门的业绩做得比较好，就可以在全公司范围内进行激励。

局部：如果公司想通过绩效来影响某一个部门，就可以在局部进行激励。

线上：如果想把绩效激励做到最大化，通常可以以一篇文章、一封邮件的方式来激励。线上的激励一般更偏重荣誉和精神层面的激励。

线下：如有些企业为了激励员工，会在年底给企业的优秀员工当场发现金。线下的激励一般偏重物质和荣誉层面的激励。

内部：如在公司要对季度激励进行兑现时，就可以通过张贴海报和组织会议的方式进行宣传与激励。

外部：公司员工取得了非常好的业绩，从而得到了外部合作方的表扬与感谢，这时除了公司的内部激励，还可以通过其他方式进行外部宣传。

正式：是指通过公司的会议、组织的活动和电视台的采访进行激励，这些场合都可以被称为正式场合。

临时：即比较随意的场合。例如，大家在一起吃饭的时候、员工与领导谈话的时候等。一般兑现负激励时会选择临时场合。

# 第7节

# 挑选合适的激励对象

通过人员选择，激励比例合适的激励对象（如图7–8所示）。

**激励范围**

- 按岗位
- 按职务
- 按行为
- 按资历

**激励比例**

- 固定比例
- 变动比例
- 全员

图7–8 挑选合适的激励对象

## 一、激励范围

按岗位：即根据不同目的、针对不同岗位做绩效激励。例如，有些公司针对业务单位做激励，对职能单位不做激励。还有些公司主要针对运营部门做激励，对职能和后勤部门不做激励。HR应按照岗位的贡献程度选择激励范围。

按职务：即按行政级别激励。笔者曾经供职的一家上市公司在推行绩效的时候，曾有半年时间主要针对公司运营部门的中层干部，

也就是科长到经理级别的干部进行激励，主要目的是想把二级单位负责人推行绩效的积极性调动起来

按行为：即公司在某个阶段，为了提倡与推行公司的企业文化，把公司企业文化的某些行为量化或描述出来并作为重点关注，谁具备这些行为就激励谁。

按资历：即根据员工在公司的年资来做激励。

## 二、激励比例

固定比例：设置固定的绩效激励比例，形成淘汰和竞争机制。笔者在曾经供职的一家公司推行绩效时，用了两年的时间把末位淘汰制建立起来，当时设定固定比例，即公司只奖励绩效在前30%的人，然后固定淘汰绩效在后5%的人，形成竞争和淘汰机制。

变动比例：根据公司实际发展情况，针对员工绩效考核的分值设立一个分数条件，对满足这个条件的人员进行激励。

全员：即所有的人都参与激励，要么全员统一惩罚，要么全员统一奖励，只是每个人的奖金额度和惩罚力度不一样。

## 第8节

# 选择合理的激励内容

## 一、激励内容选择的考虑要素

在真正进行绩效激励的时候，为了激励落地还要考虑如图7–9所示的三个点。

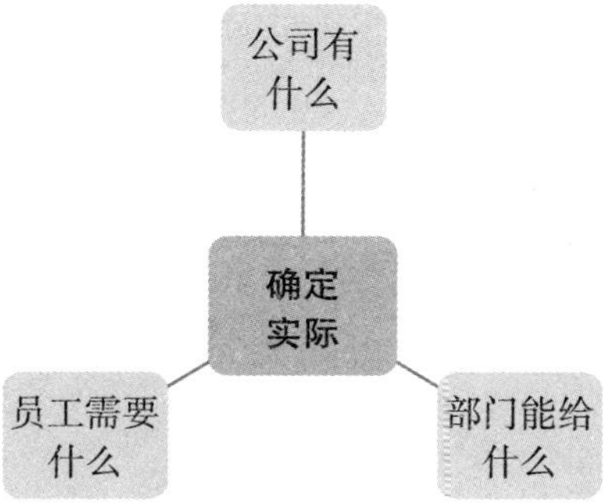


图7–9 激励内容选择的考虑要素

第一，公司有什么：即公司有哪些资源和筹码可以提供和释放。

第二，部门能给什么：即部门能给予的激励都有哪些。

第三，员工需求什么：即要了解员工需要什么，并针对员工的需求进行激励，要有针对性。

要在这三个点中维持平衡并最终找到匹配点，这个点才是激励的筹码。

## 二、激励内容的分类

激励的具体内容可以分为如图 7-10 所示的三大类。

| 物质 | 荣誉 | 精神 |
|---|---|---|
| • 奖金 | • 头衔 | • 晋升 |
| • 奖品 | • 表扬 | • 换岗 |
| • 带薪休假 | • 其他 | • 学习机会 |
| • 加薪 | | • 活动机会 |
| • 保险 | | • 工作权责 |
| • 期权 | | • 其他 |
| • 其他 | | |

**图 7-10　激励内容的分类**

### （一）物质激励

奖金：如月度奖金、季度奖金、年度奖金等。有些公司会评选月度之星并发放奖金；有些公司会评选销售冠军、标兵等，评选后发放奖金。

奖品：主要是指与物品相关的激励，大到车子，小到奖杯、礼品等都是奖品。

带薪休假：即工作日不上班，同样发放薪酬的待遇。有些公司会通过绩效考核选出季度优秀员工并为优秀员工提供带薪旅游的机会，员工在旅游期间同样享受工资待遇。

加薪：通过绩效考核的结果，给绩效考核结果优秀的员工加薪。

保险：即为绩效优秀员工购买商业保险。

期权：指根据公司的实力、结合公司的规定，给绩效优秀的员工期权或股权的激励。

### （二）荣誉激励

头衔：即给员工一个头衔、一个称号，让对方获得尊重。有些公司会评星级干部、优秀员工、季度标兵等。

表扬：包括口头表扬、公开表扬、当面表扬、大肆宣传等。有些公司做得比较人性化和有深度，会直接对员工的家人进行慰问。到了年底，老板会亲笔写一封感谢信寄到员工家里："您的儿子/女儿在我们公司工作，年度业绩优秀，以资鼓励。"甚至会发给家人一些慰问金，慰问金只是聊表心意，但却让员工本人和他的家人都感觉很有面子，这种表扬做得更有深度，而且效果更好。

### （三）精神激励

晋升：即让绩效考核达到晋升标准的员工获得晋升，让对方获得更大的发展空间、拥有更多的权力，让对方更有机会展示自己的才华并实现自己的价值、为公司创造更多的效益。

换岗：每个人的职业发展都可以分为纵向发展和横向发展，要根据员工的个人意愿和公司的实际情况进行岗位调整。

笔者之前在企业做HR的时候常有部门负责人跟笔者说，"部门某员工要求换岗"。针对这些有换岗需求的人，笔者当时的建议是，鼓励大家换岗，但是有一个前提条件，就是员工的绩效要达到相应的标准。

如果员工本岗位的工作没有做好，就无法让人信服到其他岗位上他就能做好。如果员工在本岗位上绩效优秀，那么换岗就是一项福利和权利，是给予绩效优秀员工的激励。

如果经常做人才盘点的话，就会发现很多人的内心是暗流涌动的，做销售岗位的人想做项目、做项目的人想做工程，都是有可能的。

所以，我们要知道员工心里在想什么、需求是什么，只有做好这些基础性的工作，我们才能在绩效等专业模块上做到游刃有余。

换岗是公司花钱最少，同时又能培养多能工的机会，也是搭建人才梯队的机会。

学习机会：即公司组织的付费培训只对绩效优秀的员工开放。如果员工绩效不达标就没有资格参加学习。这个学习机会，是作为绩效激励的筹码进行兑现的。

活动机会：根据员工的绩效考核结果和兴趣爱好给予其参加相应活动的机会。

例如，公司有篮球社、健身社、钓鱼社和瑜伽社等兴趣社团，规定只有绩效在B以上的员工才可以参加这些社团，如果绩效没有达到公司的标准，就没有参加活动的机会。

工作权责：即根据员工平时的工作业绩及工作态度，给予其具有挑战性的工作作为激励。

例如，有一位绩效专员，平时绩效工作做得非常好，人也比较上进，就安排了一些培训、企业文化等方面的工作给她做，她本人很开心，这就是通过工作职责激励她。

当然，工作权责也可以是负激励的手段。

有些人闲不住，但是工作绩效不是特别好，这时就可以把他的工作职责分一部分出来让其他人做，目的就是通过这种方式给予其负激励。

# 第9节

# 确定恰当的激励方案

## 一、不同层级的激励方式

针对不同的层级，激励的方式是不一样的（如图7–11所示）。

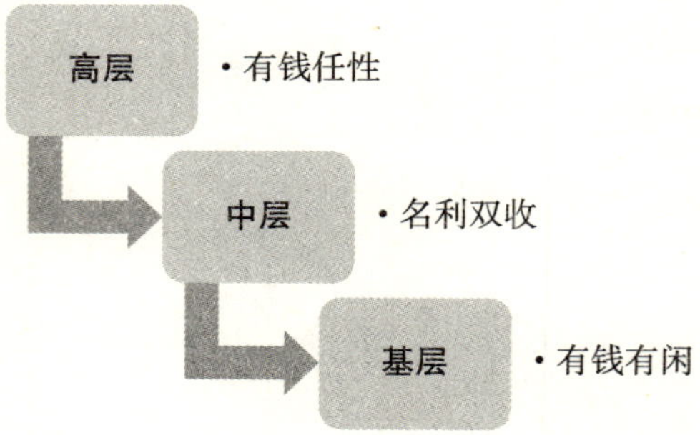


图7–11　不同层级的激励方式

高层，有钱任性：通过提供金钱和实现自我价值的机会，对他们进行激励。

中层，名利双收：通过给予职位的晋升和薪酬的提升，对他们进行激励。

基层，有钱有闲：通过金钱和相对比较空余的业余时间，对他们进行激励。

## 二、不同周期的激励方式

不同的激励周期对应着不同的激励方式，如图7–12所示。

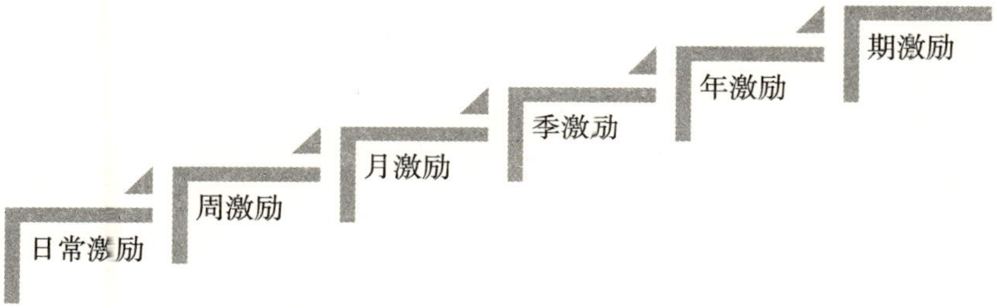


**图7–12　不同周期的激励方式**

日常激励：指日常的正常访谈、日常的激励兑现等。

周激励：指在周会上兑现的激励。

月激励：指根据月度绩效考核结果进行的月激励。

季激励：有些企业会每季度评优秀员工，这种方式就是季激励。

年激励：年底对本年度业绩优秀的员工发放年终奖或进行职位的晋升，这就是年激励。

期激励：指根据员工在公司的年资、职位高低、绩效结果，针对达到绩效标准的人群进行的激励。

## 三、激励兑现的方式

激励兑现的方式一般可以分为四种（如图7–13所示）。

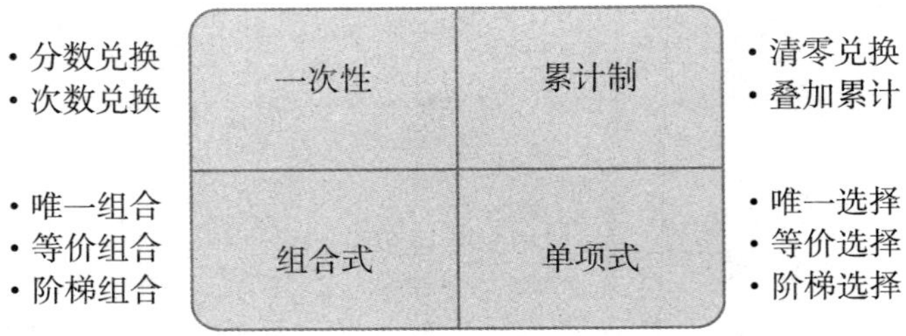


**图7-13 激励兑现的方式**

## （一）一次性

分数兑换：公司的绩效考核使用分数机制，当月绩效分数只用于当月的绩效激励，一次性兑现，兑换后不参与其他激励的评分，不再作为其他激励的依据。

次数兑换：以次数对公司提倡的行为、提倡的文化进行绩效激励，一次行为只兑换一个激励，不累计、不叠加。

有些公司会设置针对质量失误的激励，质检单位发现一次质量的重大失误，就会被奖励一笔奖金，生产单位如果被发现一次质量失误，就会被扣相应的金钱，这就是一次绩效激励，以次数来兑换。

## （二）累计制

指每月的绩效分数除用于当次激励外，还可以累计叠加。

清零兑换：这是最典型的积分制激励管理，对每个月的分数不设上限，当积累到一定程度的时候，就可以通过积分兑换奖金、升职等，兑换之后会扣掉相应的分数，如果要兑换其他的激励，则需要继续累计。

叠加累计：只有几个月的分数平均达到80分以上，才能获得相应的奖励。

笔者以前在一家上市公司做绩效激励机制时，针对绩效累计有一个条款，即每个月的绩效分数不仅可用于当月的奖金发放，当年度绩效累计到一定分数时，还可以升级职称。如果员工只是一个普通的工程师，要想获得职称的晋升，就要用年度累计分数来兑换。

### （三）单项式

唯一选择：绩效达标后，在统一兑换绩效激励时只有一个选项，就是奖金。

等价选择：在兑换绩效激励时有多个选项，包括金钱、加薪、升职、奖品等，在多个选项中只能选择一个，且价值相近。

阶梯选择：主要是指对绩效激励进行分级设计，如绩效分数达到一定分数，可以获得优秀员工称号一次，再达到一定分数时，可以奖励2000元……这样就形成了阶梯感和层次感。

### （四）组合式

唯一组合：当绩效达到考核标准时，公司既奖励金钱，又奖励职位、称号等，同时享受多项激励。这种奖励组合针对公司所有人，并且只有这一种组合方式。

等价组合：即奖励有多种组合方式，且价值对等，可以任意选择其中一种。

阶梯组合：即在员工符合一定的绩效考核条件后，根据条件给予不同称号、不同额度的奖金，且职称不同，每小时的加班费也不同。

# 第10节

# 识别合适的激励额度

## 一、额度设置的四个点

根据公司的资源和筹码，什么样的额度才能真正调动员工的积极性？要注意以下四个“点”（如图7–14所示）。

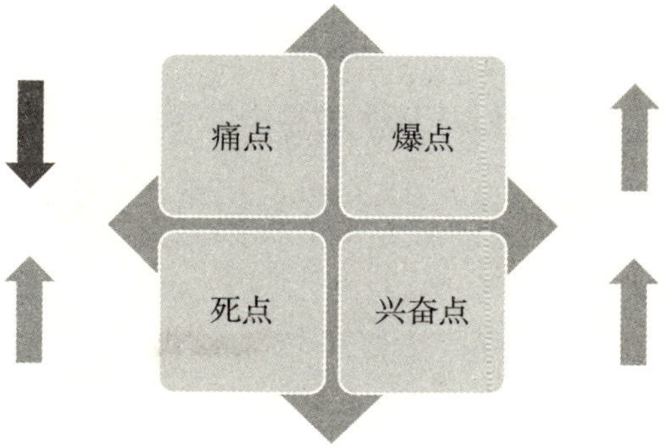


图7–14　激励额度的四点设置

做正激励的目的是让对方觉得自己做得还不错，至少能让员工稍微满意，且激发其兴趣，持续做下去。

根据公司的资源和筹码，做到什么程度才能真正让员工害怕起来？我们做负激励的目的是让员工知道如果没有按照公司的要求做，就会受到惩处，员工会因为不愿意受到这个惩处而努力。

### （一）痛点

假设某人月收入2万元，那么200元或300元的罚款就可能对对方没有什么效果，对方只是心里“不爽”而已。当罚款达到某一个点时，对方心里特别难受了，可能就会来质问HR为什么罚款，那么这个令他开始在意的点，就是他的痛点。

### （二）死点

假设某人月收入2万元，如果他在月罚款1万元时接受不了了，那么1万元就是他的死点，当罚到对方死点的时候，一般会出现两种情况。

第一，员工摔门而出，辞职走人，“爆粗口”。

第二，员工冲到HR办公室或主管面前质问，甚至出现过激行为。

### （三）兴奋点

假设某人月收入2万元，如果用奖金对其进行正激励，那么多少钱才能让对方兴奋呢？每月200元的奖金，对方可能没有任何感觉；每月1000元的奖金，对方可能觉得还可以，会稍微有点开心，内心有兴奋的感觉，那么1000元就是他的兴奋点。

### （四）爆点

假设某人月收入2万元，那么每月1万元的奖励就可能令他觉得很惊喜、很开心，但还没有超过他的预期；每月2万元的奖励会令他觉得非常开心，但还能接受；如果公司突然给他发了20万元奖金，可能就完全超出他的预期了，那么这个超预期的点就是他的爆点。

在真正进行正负激励时，要把握激励的额度。在进行正激励的时候，一定要激励在对方的兴奋点上，激励不能不痛不痒，否则可能花了钱还起不到激励作用。正激励尽量不要设置在爆点以上，大额度的激励次数太多了，会使人的欲望膨胀，只适合偶尔刺激一次。

在进行负激励的时候，激励点一定要设置在对方的痛点以上，否则惩罚难以起到效果；但同时要注意不要设置在死点以上，否则，一旦达到死点，可能就会出现前文提到的两种极端情况。

## 二、四点的设置比例

下面用一组经验值数字，阐述一个人对感觉的变化，作为HR的大致参考（如图7–15所示）。

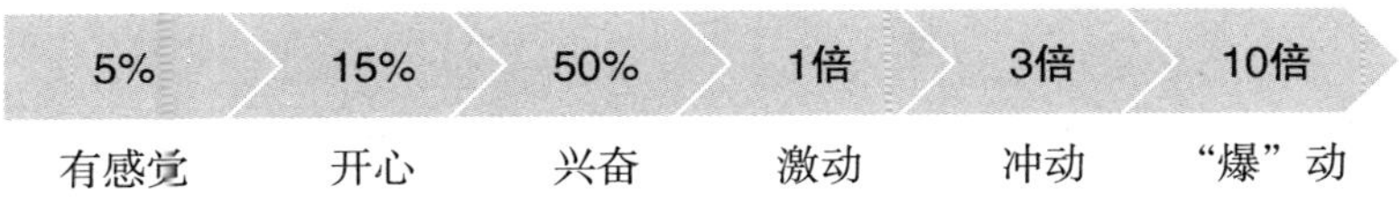


**图7–15 激励额度四点的设置比例**

有感觉——5%：如果想对一个人进行正激励，要让对方有感觉，一般要针对对方的月收入，给予5%的奖励。

开心——15%：当一个人月收入1万元的时候，公司奖励他月收入的15%，对方就有可能进入开心的状态。

兴奋——50%：当一个人月收入1万元的时候，公司奖励他月收入的50%，对方就有可能进入兴奋的状态。

激动——1倍：当一个人月收入1万元的时候，公司奖励他月收入的100%，对方就有可能进入激动的状态，因为这已经在他的意料之外了。

冲动——3倍：当一个人月收入1万元的时候，公司奖励他月收入的300%，对方就有可能觉得公司太好了、必须留下来、永远不离开，达到冲动的程度。

“爆”动——10倍：当一个人月收入1万元的时候，公司奖励他月收入的1000%，这时对方的反应应该是“爆”动。

笔者在一家高科技公司供职的时候，有一位技术人员坐飞机出差，出差时带了他女朋友，而他女朋友不是公司的员工。出差回来后报销机票时，这位技术人员只报销了他个人出差的机票，但其实以他的职权可以把他女朋友的机票一起报销，可他没有这样做。老板知道这件事后，便对这位员工的行为给予了奖励，还在全公司进行宣扬，当时这位技术员的工资是6000元/月，而当时直接奖励了他现金10万元，这个奖励是其月工资的10多倍。

综上所述，要破解无效绩效激励中的难题，需要注意以下几点。

1. 激励没有最好的，只有最合适的，公司提倡什么就考核什么，就激励什么。

2. 要根据激励的目的和想要达到的效果选择时间、场合和对象，激励的内容、方式和额度也不一样。

第八章

# 制作“自动化”绩效考核表单的函数技巧

每到做工作总结时，各位HR就会化身为“表哥表姐”，沉浸在各种Office软件里无法自拔，如Word、Excel、PPT、Visio，等等。现在的HR确实比以往幸福了很多，因为工具越来越发达了，能够帮助HR整理工作思路、提高工作效率。目前最强大的工具是互联网。

就办公工具来说，按照用途来分，可以分为下面几种。

用于统计分析的；用于效果和结果呈现的；用于整理和加工运算的；用于监督和跟踪服务的；用于档案资料分类保管的等。

本章将重点讲述Excel在绩效管理过程中的运用，并以笔者之前供职过的一家企业为例，讲解如何用Excel做出绩效管理软件的效果。

第1节

# 自动匹配计算

## 一、自动匹配筛选人员考核资格

根据公司的绩效规则方案，只有“入职超过1个月”的人员才有资格参加考核，还有职等为“一等一级”的人不能参加考核，此处就设定了两个条件：入职时间>30天；非“一等一级”人员。

凡是符合其中一种的，系统都会在其基本信息下画红线，视为排除考核资格，自动判定不对此组数据进行数据匹配和计算。

分值显示为“1”，就代表不参与计算。

画红线是通过设置条件格式实现的（如图8-1所示）。

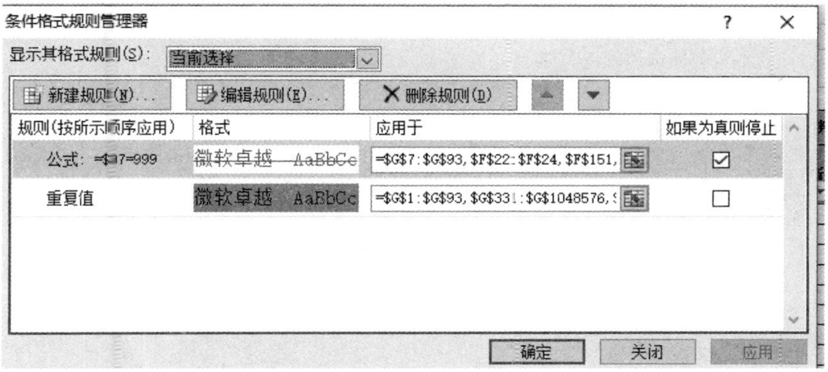


图8-1 自动匹配筛选人员考核资格1

图8-2 自动匹配筛选人员考核资格2

显示为“1”是通过简单的IF函数实现的（如图8-2所示），公式如下：

=IF（OR（$G13="/"，$H13="/"，$I13="/"，$F13="/"），""，IF（OR（$G13=""，$H13=""，$I13=""，$F13=""），1，IF（$O13=""，SUMIF（'1.员工级'!$AA$5：$AA$1110，$G13，'1.员工级'!AB$5：AB$1110），1）））

通过这三项判断，用公式得出了图8-3的判定结果中的数据“1”（如图8-3所示）。

| 总绩效人数 | | | 47人 | | | | | | | | | | |
|---|---|---|---|---|---|---|---|---|---|---|---|---|---|
| XX事业部总绩效人数 | | | 36人 | 考核月份 | | 7月 | | | | | Com | | |
| 质里部总绩效人数 | | | 11人 | 更新日期 | | 2015/7/20 | | | | | | | |
| 基础资料维护部分 | | | | | | | 数据判断部分 | | | | 绩效积分 | | |
| 课组别 | 工号 | 姓名 | 到职日期 | 职等 | 奖金基数 | 截止日期 | 入职天数 | 时间判断 | 职级判断 | 绩效资格 | 7月积分 | 8月积分 | 9月积分 |
| 制造CNC | / | | / | / | | 2015/7/20 | | | | | | | |
| 制造CNC | k15696 | 郭 | 2015/01/12 | 一等二级 | ¥200 | 2015/7/20 | 189 | | | | 79 | 0 | 0 |
| 制造CNC | K15907 | 宋 | 2015/01/20 | 一等二级 | ¥200 | 2015/7/20 | 181 | | | | [illegible] | 0 | 0 |
| 制造CNC | ~~K17722~~ | 徐 | 2015/05/06 | 一等一级 | ¥0 | 2015/7/20 | 75 | | 不符 | 999 | 1 | [illegible] | [illegible] |
| 制造CNC | K06930 | 李 | 2012/11/27 | 四等一级 | ¥350 | 2015/7/20 | 965 | | | | 92 | 0 | 0 |
| 制造CNC | K15984 | 李 | 2015/01/28 | 一等二级 | ¥200 | 2015/7/20 | 173 | | | | [illegible] | 0 | 0 |
| 制造CNC | ~~K17724~~ | 张 | 2015/05/06 | 一等一级 | ¥0 | 2015/7/20 | 75 | | 不符 | 999 | 1 | [illegible] | [illegible] |
| 制造CNC | K14899 | 刘 | 2014/10/26 | 一等二级 | ¥200 | 2015/7/20 | 267 | | | | [illegible] | 0 | 0 |

图8-3　自动匹配筛选人员考核资格3

除了时间和职等限制以外，还有部门岗位等的匹配和计算规则。

| 总绩效人数 | | | 47人 | | | | | | | |
|---|---|---|---|---|---|---|---|---|---|---|
| XX事业部总绩效人数 | | | 36人 | 考核月份 | | 7月 | | | | |
| 质里部总绩效人数 | | | 11人 | 更新日期 | | 2015/7/20 | | | | |
| 基础资料维护部分 | | | | | | | 数据判断部分 | | | |
| 课组别 | 工号 | 姓名 | 到职日期 | 职等 | 奖金基数 | 截止日期 | 入职天数 | 时间判断 | 职级判断 | 绩效资 |
| 制造CNC | / | | / | / | | 2015/7/20 | | | | |
| 制造CNC | k15696 | 郭 | 2015/01/12 | 一等二级 | ¥200 | 2015/7/20 | 189 | | | |
| 制造CNC | K15907 | 宋 | 2015/01/20 | 一等二级 | ¥200 | 2015/7/20 | 181 | | | |
| 制造CNC | ~~K17722~~ | 徐 | 2015/05/06 | 一等一级 | ¥0 | 2015/7/20 | 75 | | 不符 | 999 |
| 制造CNC | K06930 | 李 | 2012/11/27 | 四等一级 | ¥350 | 2015/7/20 | 965 | | | |
| 制造CNC | K15984 | 李 | 2015/01/28 | 一等二级 | ¥200 | 2015/7/20 | 173 | | | |
| 制造CNC | ~~K17724~~ | 张 | 2015/05/06 | 一等一级 | ¥0 | 2015/7/20 | 75 | | 不符 | 999 |
| 制造CNC | K14899 | 刘 | 2014/10/26 | 一等二级 | ¥200 | 2015/7/20 | 267 | | | |
| 制造CNC | ~~K17644~~ | 吴 | 2015/05/03 | 一等一级 | ¥0 | 2015/7/20 | 78 | | 不符 | 999 |
| 制造CNC | k08488 | 李 | 2013/08/15 | 一等三级 | ¥250 | 2015/7/20 | 704 | | | |

图8-4　自动匹配筛选人员考核资格-基础资料

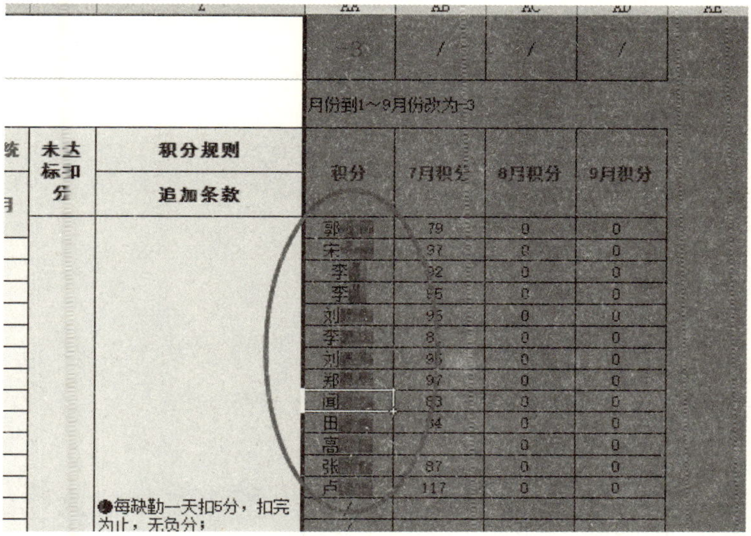


图8-5　自动匹配筛选人员考核资格－积分

图8-5的公式为：=IFERROR（IF（$AA5="/"，""，U6+U39+U72+U105+U138），""）

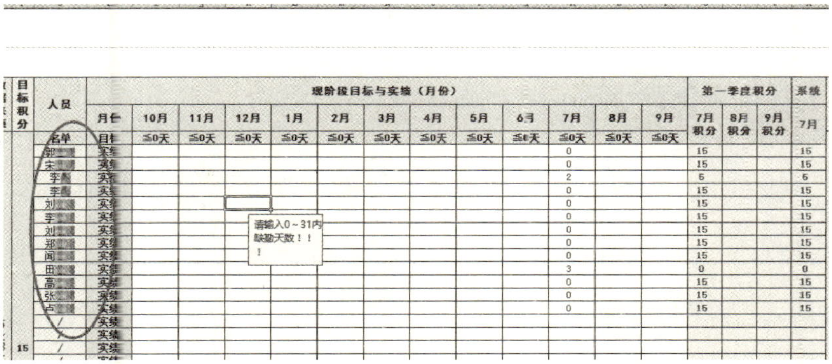


图8-6　自动匹配筛选人员考核资格－绩效考核

如图8-4、图8-5、图8-6所示的表格中的名单必须确保绝对一致，字体、格式都要设置一致，只有这样，才能保证它们可以互相匹配、数据互通。

数据关联的规则是：绩效考核表的计算数值—积分表—基础资料表。

当然，还有一些关于人员资格的匹配计算，这里就不再一一罗列。

## 二、自动匹配人员考核时间

整个表单，分为四种：基础资料汇总表；绩效考核表；绩效奖金结果汇总表；奖金标准表，如图8–7所示。

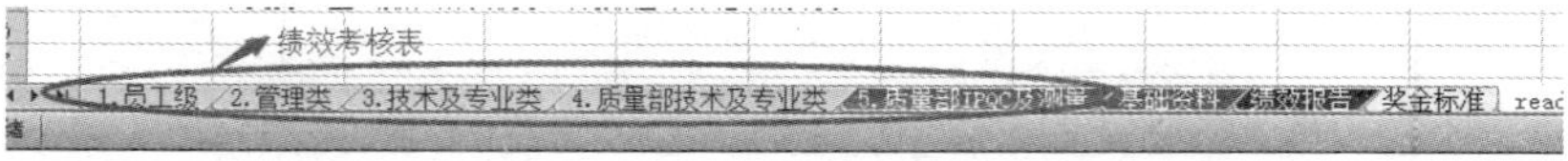


图8–7　自动匹配人员考核时间2

在这几种表单中，都需要设置好对应的考核时间。设置好公式以后，Excel可以自动“防呆”——出错了就显示不出数据，并提醒操作人员哪里有问题，便于修改。

## 三、自动匹配计算人员考核分值

此处才展现此Excel套表在绩效管理中的真正作用。这里牵涉绩效考核的积分规则，以下通过图片和公式进行展示。

一般来说有四类公式。

### （一）根据百分比递增递减的函数计算，并且是呈正比关系的递增递减

例如效率的百分比，达成的数值越高，分值就越高；还可以设

置上下限（如图8-8所示）。

| | | | | | | | | | | | | | | | | | | | | | |
|---|---|---|---|---|---|---|---|---|---|---|---|---|---|---|---|---|---|---|---|---|---|
| | | | | / | 实绩 | | | | | | | | | | | | | | | | |
| | | | | 名单 | 目标 | ≥95% | ≥95% | ≥95% | ≥95% | ≥95% | ≥95% | ≥95% | ≥95% | ≥95% | ≥95% | ≥95% | ≥95% | 95% | / | / | / |
| ◆工时效率=（总良品数*单件产品工时）/总投入工时*100% ◆《医疗生产日报表》 | | 事业部文员 | 40 | 郭 | 实绩 | | | | | | | | | | 80.0% | | | 10 | | | 10 |
| | | | | 宋 | 实绩 | | | | | | | | | | 92.0% | | | 34 | | | 34 |
| | | | | 李 | 实绩 | | | | | | | | | | 92.0% | | | 34 | | | 34 |
| | | | | 李 | 实绩 | | | | | | | | | | 91.0% | | | 32 | | | 32 |
| | | | | 刘 | 实绩 | | | | | | | | | | 90.0% | | | 30 | | | 30 |
| | | | | 李 | 实绩 | | | | | | | | | | 82.0% | | | 14 | | | 14 |
| | | | | 刘 | 实绩 | | | | | | | | | | 88.0% | | | 26 | | | 26 |
| | | | | 郑 | 实绩 | | | | | | | | | | 89.0% | | | 28 | | | 28 |
| | | | | 闻 | 实绩 | | | | | | | | | | 84.3% | | | 19 | | | 19 |
| | | | | 田 | 实绩 | | | | | | | | | | 88.7% | | | 27 | | | 27 |
| | | | | 高 | 实绩 | | | | | | | | | | | | | | | | |
| | | | | 张 | 实绩 | | | | | | | | | | 67.1% | | | 24 | | | 24 |
| | | | | 卢 | 实绩 | | | | | | | | | | 99.0% | | | 44 | | | 44 |
| | | | | / | 实绩 | | | | | | | | | | | | | | | | |
| | | | | / | 实绩 | | | | | | | | | | | | | | | | |
| | | | | / | 实绩 | | | | | | | | | | | | | | | | |
| | | | | / | 实绩 | | | | | | | | | | | | | | | | |
| | | | | / | 实绩 | | | | | | | | | | | | | | | | |
| | | | | / | 实绩 | | | | | | | | | | | | | | | | |
| | | | | / | 实绩 | | | | | | | | | | | | | | | | |
| | | | | / | 实绩 | | | | | | | | | | | | | | | | |

**图8-8　自动匹配计算人员考核分值1**

计算公式如下：

=IF（INDEX（$I$39：$T$70,（ROW（ ）-38），（$X$4-$AA$1））="", "", IF（$G39="/", "", IF（INDEX（$I$39：$T$70,（ROW（ ）-38），（$X$4-$AA$1））< $AB$63, 0, IF（((INDEX（$I$39：$T$70,（ROW（ ）-38），（$X$4-$AA$1）))-$U$38）*$AB$62*100 > $AB$60,（$AB$60 + $F$38），IF（INDEX（$I$39：$TS70,（ROW（ ）-38），（$X$4-$AA$1）） >（$U$38-0.1%），（$F$38 +（INDEX（$I$39：$T$70,（ROW（ ）-38），（$X$4-$AA$1））-$US38）*$AB$59*100），（$F$38 + $AB$61 +（INDEX（$I$39：$T$70,（ROW（ ）-38），（$X$4-$AA$1））-$U$38）*$AB$62*100））））））

**（二）根据百分比递增递减的函数计算，但是呈反比关系的递增递减**

例如报废率的数值，这个数字越小，分值就越高；也可以设置上下限，公式与上面的公式类似。

### （三）根据数字递增递减的函数计算，呈正比关系的递增递减

以存货周转次数为例，如图 8–9 所示。

| | | | | | | | | | | | | | | | | | | | |
|---|---|---|---|---|---|---|---|---|---|---|---|---|---|---|---|---|---|---|---|
| | | | / | 实绩 | | | | | | | | | | | | | | | |
| 财务 | 事业部文员 | 20 | 名单 | 目标 | ≥0.3 | ≥0.3 | ≥0.3 | ≥0.3 | ≥0.3 | ≥0.3 | ≥0.3 | ≥0.3 | ≥0.3 | ≥0.3 | ≥0.3 | ≥0.3 | 0.3 | / | / |
| | | | / | 实绩 | | | | | | | | | | | | | | | |
| | | | / | 实绩 | | | | | | | | | | | | | | | |
| | | | / | 实绩 | | | | | | | | | | | | | | | |
| | | | / | 实绩 | | | | | | | | | | | | | | | |
| 生 | 事 | | 名单 | 目标 | ≤0次 | ≤0次 | ≤0次 | ≤0次 | ≤0次 | ≤0次 | ≤0次 | ≤0次 | ≤0次 | ≤0次 | ≤0次 | ≤0次 | / | / | / |
| | | | / | 实绩 | | | | | | | | | | | | | | | |

第 2 页

图 8–9　自动匹配计算人员考核分值 2

计算公式如下：

=IFINDEX（$I$52：$T$55,（ROW（ ）–51）,（$X$4–$AA$1））="", "", IF（$G52 = "/", "", IF（INDEX（$I$52：$T$55,（ROW（ ）–51）,（$X$4–$AA$1））< $AB$57, 0, IF（((INDEX（$I$52：$T$55,（ROW（ ）–51）,（$X$4–$AA$1）））–$U$51）*$AB$56*100 > $AB$54,（$AB$54 + $F$51）, IF（INDEX（$I$52：$T$55,（ROW（ ）–51）,（$X$4–$AA$1）） >（$U$51–0.1%）,（$F$51 +（INDEX（$I$52：$T$55,（ROW（ ）–51）,（$X$4–$AA$1））–$U$51）*$AB$56*100）,（$F$51 + $AB$55 +（INDEX（$I$52：$T$55,（ROW（ ）–51）,（$X$4–$AA$1））–$U$51）*$AB$56*100））））)

### （四）根据数字递增递减的函数计算，呈反比关系的递增递减

以报废的 PPM 值* 为例，如图 8–10 所示。

* PPM：即 Parts per Million，定义为百万分之一，1 PPM 即是一百万分之一。一般用作每一百万个产品中的不良率的统计标准。

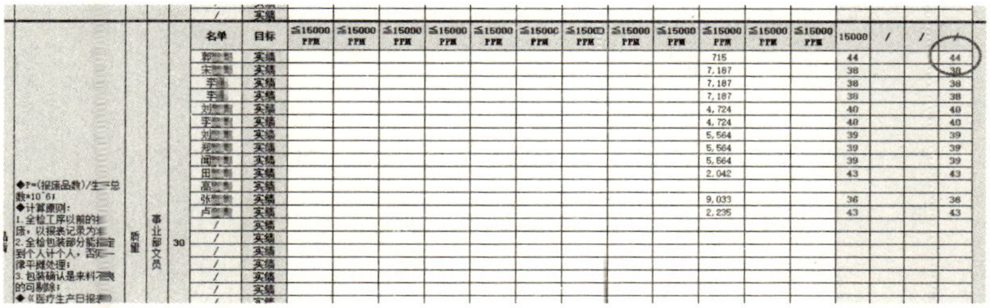

◆P=(报废品数)/生…总数*10^6；
◆计算原则：
1.全检工序以前的…废，以报表记录为…；
2.全检包装部分能…到个人计个人，否…一律平摊处理；
3.包装确认是来料…的可剔除；
◆《医疗生产日报…》

质量 | 事业部文员 | 30

| 名单 | 目标 | ≤15000 PPM | ≤15000 PPM | ≤15000 PPM | ≤15000 PPM | ≤15000 PPM | ≤15000 PPM | ≤15000 PPM | ≤15000 PPM | ≤15000 PPM | ≤15000 PPM | ≤15000 PPM | ≤15000 PPM | 15000 | / | / | / |
| --- | --- | --- | --- | --- | --- | --- | --- | --- | --- | --- | --- | --- | --- | --- | --- | --- | --- |
| 郭… | 实绩 | | | | | | | | | | 715 | | | 44 | | | 44 |
| 宋… | 实绩 | | | | | | | | | | 7,187 | | | 38 | | | 38 |
| 李… | 实绩 | | | | | | | | | | 7,187 | | | 38 | | | 38 |
| 李… | 实绩 | | | | | | | | | | 7,187 | | | 38 | | | 38 |
| 刘… | 实绩 | | | | | | | | | | 4,724 | | | 40 | | | 40 |
| 李… | 实绩 | | | | | | | | | | 4,724 | | | 40 | | | 40 |
| 刘… | 实绩 | | | | | | | | | | 5,564 | | | 39 | | | 39 |
| 郑… | 实绩 | | | | | | | | | | 5,564 | | | 39 | | | 39 |
| 闻… | 实绩 | | | | | | | | | | 5,564 | | | 39 | | | 39 |
| 田… | 实绩 | | | | | | | | | | 2,042 | | | 43 | | | 43 |
| 高… | 实绩 | | | | | | | | | | | | | | | | |
| 张… | 实绩 | | | | | | | | | | 9,033 | | | 36 | | | 36 |
| 卢… | 实绩 | | | | | | | | | | 2,235 | | | 43 | | | 43 |
| / | 实绩 | | | | | | | | | | | | | | | | |
| / | 实绩 | | | | | | | | | | | | | | | | |
| / | 实绩 | | | | | | | | | | | | | | | | |
| / | 实绩 | | | | | | | | | | | | | | | | |
| / | 实绩 | | | | | | | | | | | | | | | | |
| / | 实绩 | | | | | | | | | | | | | | | | |

图8-10　自动匹配计算人员考核分值3

计算公式如下：

=IF(INDEX($I$72:$T$103,(ROW()-71),($X$4-$AA$1))="","",IF($G72="/","",IF(INDEX($I$72:$T$103,(ROW()-71),($X$4-$AA$1))>$AB$110,0,IF(INDEX($I$72:$T$103,(ROW()-71),($X$4-$AA$1))<($U$71+1),($F$71+($U$71-INDEX($I$72:$T$103,(ROW()-71),($X$4-$AA$1)))/1000*$AB$106),($F$71+$AB$108+($U$71-INDEX($I$72:$T$103,(ROW()-71),($X$4-$AA$1)))/1000*$AB$109)))))

## （五）根据整数个数来递增递减，此处举一个呈反比关系的例子

如缺勤天数，如图8-11所示。

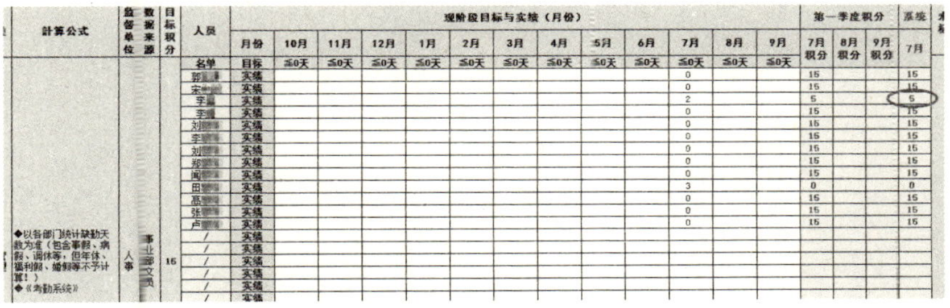

计算公式：◆以各部门统计缺勤天数为准（包含事假、病假、调休等，但年休、福利假、婚假等不予计算！）◆《考勤系统》

监督单位：人事　数据来源：事业部文员　目标积分：16

| 人员 | 月份 | 现阶段目标与实绩（月份） | | | | | | | | | | | | 第一季度积分 | | | 系统 |
| --- | --- | --- | --- | --- | --- | --- | --- | --- | --- | --- | --- | --- | --- | --- | --- | --- | --- |
| | | 10月 | 11月 | 12月 | 1月 | 2月 | 3月 | 4月 | 5月 | 6月 | 7月 | 8月 | 9月 | 7月积分 | 8月积分 | 9月积分 | 7月 |
| 名单 | 目标 | ≤0天 | ≤0天 | ≤0天 | ≤0天 | ≤0天 | ≤0天 | ≤0天 | ≤0天 | ≤0天 | ≤0天 | ≤0天 | ≤0天 | | | | |
| 郭… | 实绩 | | | | | | | | | | 0 | | | 15 | | | 15 |
| 宋… | 实绩 | | | | | | | | | | 0 | | | 15 | | | 15 |
| 李… | 实绩 | | | | | | | | | | 2 | | | 5 | | | 5 |
| 李… | 实绩 | | | | | | | | | | 0 | | | 15 | | | 15 |
| 刘… | 实绩 | | | | | | | | | | 0 | | | 15 | | | 15 |
| 李… | 实绩 | | | | | | | | | | 0 | | | 15 | | | 15 |
| 刘… | 实绩 | | | | | | | | | | 0 | | | 15 | | | 15 |
| 郑… | 实绩 | | | | | | | | | | 0 | | | 15 | | | 15 |
| 闻… | 实绩 | | | | | | | | | | 0 | | | 15 | | | 15 |
| 田… | 实绩 | | | | | | | | | | 3 | | | 0 | | | 0 |
| 高… | 实绩 | | | | | | | | | | 0 | | | 15 | | | 15 |
| 张… | 实绩 | | | | | | | | | | 0 | | | 15 | | | 15 |
| 卢… | 实绩 | | | | | | | | | | 0 | | | 15 | | | 15 |
| / | 实绩 | | | | | | | | | | | | | | | | |
| / | 实绩 | | | | | | | | | | | | | | | | |
| / | 实绩 | | | | | | | | | | | | | | | | |
| / | 实绩 | | | | | | | | | | | | | | | | |
| / | 实绩 | | | | | | | | | | | | | | | | |

图8-11　自动匹配计算人员考核分值4

计算公式如下：

=IF（INDEX（$I$6：$T$37,（ROW（）–5），（$X$4–$AA$1））="", "", IF（$G6 = "/", "", IF（INDEX（$I$6：$T$37，（ROW（）–5），（$X$4–$AA$1））=0，$F$5，IF（（$AB$47–INDEX（$I$6：$T$37,（ROW（）–5），（$X$4–$AA$1））*（$AB$48））<–$F$5，0，（$F$5 + $AB$47–INDEX（$I$6：$T$37，（ROW（）–5），（$X$4–$AA$1））*$AB$48）））））

### （六）一个最易用的判定性函数

这个函数一般用于否定性指标，用于简单的判定0和1。

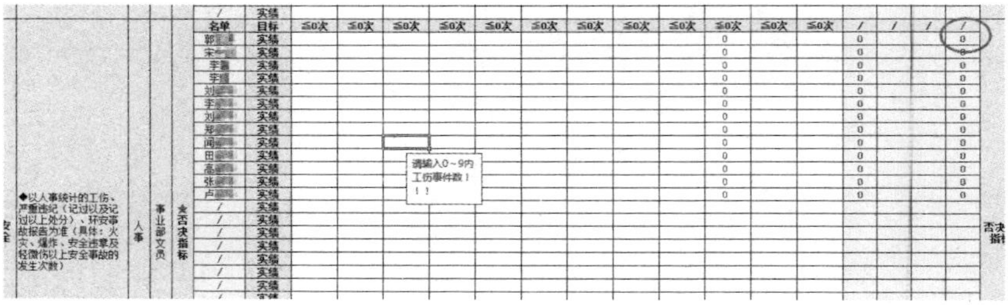


**图8–12　自动匹配计算人员考核分值5**

图8–12的计算公式如下：

=IF（$G138="/", "", IF（INDEX（$I$138：$T$169,（ROW（）–137），（$X$4–$AA$1））=0，0，–100））

此处充分体现了IF函数的强大之处。

## 四、自动匹配计算人员奖金

此处设置一个IF函数即可，在基础资料里对奖金标准进行关联。

| 职等职级 | 岗位或职称 | | | 绩效浮动薪酬 | | 绩效积分评定 | | | | |
|---|---|---|---|---|---|---|---|---|---|---|
| | 管理类 | 技术类 | 专业类 | 普调部分 | 绩效奖金基数 | 绩效等级 | 差 | 尚可 | 良好 | 优 |
| 一等一级 | 员工级 | | | | ¥0 | 實際分數 | 0-70 | 71-90 | 91-100 | 101以上 |
| | | | | | | 奖金倍率 | 0 | 0.71~0.9 | 0.91~1.00 | 1.00~ |
| | | | | | | 職級加分 | 0 | 0 | 0 | 1 |
| 一等二级 | | | | | ¥200 | 實際分數 | 0-70 | 71-90 | 91-100 | 101以上 |
| | | | | | | 奖金倍率 | 0 | 0.71~0.9 | 0.91~1.00 | 1.00~ |
| | | | | | | 職級加分 | 0 | 0 | 0 | 1 |
| 一等三级 | | | | | ¥250 | 實際分數 | 0-70 | 71-90 | 91-100 | 101以上 |
| | | | | | | 奖金倍率 | 0 | 0.71~0.9 | 0.91~1.00 | 1.00~ |
| | | | | | | 職級加分 | 0 | 0 | 0 | 1 |
| 一等四级 | | | | | ¥300 | 實際分數 | 0-70 | 71-90 | 91-100 | 101以上 |
| | | | | | | 奖金倍率 | 0 | 0.71~0.9 | 0.91~1.00 | 1.00~ |
| | | | | | | 職級加分 | 0 | 0 | 0 | 1 |
| 二等一级 | 领班 | 培技 | 文员 | | ¥300 | 實際分數 | 0-70 | 71-90 | 91-100 | 101以上 |
| | | | | | | 奖金倍率 | 0 | 0.71~0.9 | 0.91~1.00 | 1.00~ |
| | | | | | | 職級加分 | 0 | 0 | 0 | 1 |
| 三等一级 | 副组长 | 技术员 | 助理工程师 | | ¥300 | 實際分數 | 0-70 | 71-90 | 91-100 | 101以上 |
| 三等二级 | | | | | ¥300 | 奖金倍率 | 0 | 0.71~0.9 | 0.91~1.00 | 1.00~ |
| / | | | | | ¥300 | 職級加分 | 0 | 0 | 0 | 1 |
| 四等一级 | 组长 | | | | ¥350 | 實際分數 | 0-70 | 71-90 | 91-100 | 101以上 |
| 四等二级 | | | 工程师 | | ¥350 | 奖金倍率 | 0 | 0.71~0.9 | 0.91~1.00 | 1.00~ |
| 四等三级 | | | | | ¥350 | 職級加分 | 0 | 0 | 0 | 1 |
| 五等一级 | 副课长 | 技师 | | | ¥400 | 實際分數 | 0-70 | 71-90 | 91-100 | 101以上 |
| 五等二级 | | | | | ¥400 | 奖金倍率 | 0 | 0.71~0.9 | 0.91~1.00 | 1.00~ |
| 五等三级 | | | | | ¥400 | 職級加分 | 0 | 0 | 0 | 1 |
| 六等一级 | 课长 | 高级技师 | 高级工程师 | | ¥500 | 實際分數 | 0-70 | 71-90 | 91-100 | 101以上 |
| 六等二级 | | | | | ¥500 | 奖金倍率 | 0 | 0.71~0.9 | 0.91~1.00 | 1.00~ |
| 六等三级 | | | | | ¥500 | 職級加分 | 0 | 0 | 0 | 1 |
| 七等一级 | 副经理 | | | | ¥600 | 實際分數 | 0-70 | 71-90 | 91-100 | 101以上 |
| 七等二级 | | | | | ¥600 | 奖金倍率 | 0 | 0.71~0.9 | 0.91~1.00 | 1.00~ |
| 七等三级 | | | | | ¥600 | 職級加分 | 0 | 0 | 0 | 1 |
| 八等一级 | 经理 | 资深技师 | 资深工程师 | | ¥700 | 實際分數 | 0-70 | 71-90 | 91-100 | 101以上 |
| 八等二级 | | | | | ¥700 | 奖金倍率 | 0 | 0.71~0.9 | 0.91~1.00 | 1.00~ |
| 八等三级 | | | | | ¥700 | 職級加分 | 0 | 0 | 0 | 1 |
| 九等一级 | 副总监 | | | | | | | | | |

1.员工级 / 2.管理类 / 3.技术及专业类 / 4.质量部技术及专业类 / 5.质量部IPQC及测量 / 基础资料 / 绩效...

图8–13　自动匹配计算人员奖金1

| | | | | | | | |
|---|---|---|---|---|---|---|---|
| 总绩效人数 | 47人 | | | 奖金汇总 | | | |
| XX事业部总绩效人数 | 36人 | 考核月份 | 7月 | Com | 7月奖金 | 8月奖金 | 9月奖金 |
| 质量部总绩效人数 | 11人 | 更新日期 | 2015/7/20 | | ¥30,256 | ¥0 | ¥0 |

| 基础资料维护部分 | | | | | | | | 数据判断部分 | | | | 绩效积分 | | | 绩效奖金 | | |
|---|---|---|---|---|---|---|---|---|---|---|---|---|---|---|---|---|---|
| 序 | 课组别 | 工号 | 姓名 | 到职日期 | 职等 | 奖金基数 | 截止日期 | 入职天数 | 时间判断 | 职级判断 | 绩效资格 | 7月积分 | 8月积分 | 9月积分 | 7月奖金 | 8月奖金 | 9月奖金 |
| 1 | 制造CNC | | | / | / | | 2015/7/20 | | | | | | | | | | |
| 2 | 制造CNC | k1[illegible]96 | 郭[illegible] | 2015/01/12 | 一等二级 | ¥200 | 2015/7/20 | 189 | | | | 79 | 0 | 0 | ¥159 | ¥0 | ¥0 |
| 3 | 制造CNC | K1[illegible]07 | 宋[illegible] | 2015/01/20 | 一等二级 | ¥200 | 2015/7/20 | 181 | | | | [redacted] | 0 | 0 | ¥194 | ¥0 | ¥0 |
| 4 | 制造CNC | K1[illegible]22 | [illegible] | 2015/05/06 | 一等一级 | ¥0 | 2015/7/20 | 75 | | 不符 | 999 | 1 | [redacted] | | | | |
| 5 | 制造CNC | K0[illegible]30 | 李[illegible] | 2012/11/27 | 四等一级 | ¥350 | 2015/7/20 | 965 | | | | 92 | 0 | 0 | ¥321 | ¥0 | ¥0 |
| 6 | 制造CNC | K1[illegible]84 | 李[illegible] | 2015/01/28 | 一等二级 | ¥200 | 2015/7/20 | 173 | | | | [redacted] | 0 | 0 | ¥190 | ¥0 | ¥0 |
| 7 | 制造CNC | K1[illegible]24 | 张[illegible] | 2015/05/06 | 一等一级 | ¥0 | 2015/7/20 | 75 | | 不符 | 999 | 1 | [redacted] | | | | |
| 8 | 制造CNC | K1[illegible]99 | 刘[illegible] | 2014/10/26 | 一等二级 | ¥200 | 2015/7/20 | 267 | | | | [redacted] | 0 | 0 | ¥191 | ¥0 | ¥0 |
| 9 | 制造CNC | K1[illegible]44 | 吴[illegible] | 2015/05/03 | 一等一级 | ¥0 | 2015/7/20 | 78 | | 不符 | 999 | 1 | [redacted] | | | | |
| 10 | 制造CNC | k0[illegible]88 | 李[illegible] | 2013/08/15 | 一等三级 | ¥250 | 2015/7/20 | 704 | | | | 81 | 0 | 0 | ¥203 | ¥0 | ¥0 |

图8–14　自动匹配计算人员奖金2

图8–13、图8–14的计算公式如下：

= IF（OR（I8 = "/"，I8 = ""），""，SUMIF（奖金标准!$A$4：$A$41，I8，奖金标准!$F$4：$F$41））

# 第2节

# 自动整理汇总，输出结果

## 一、自动整理出奖励人员名单

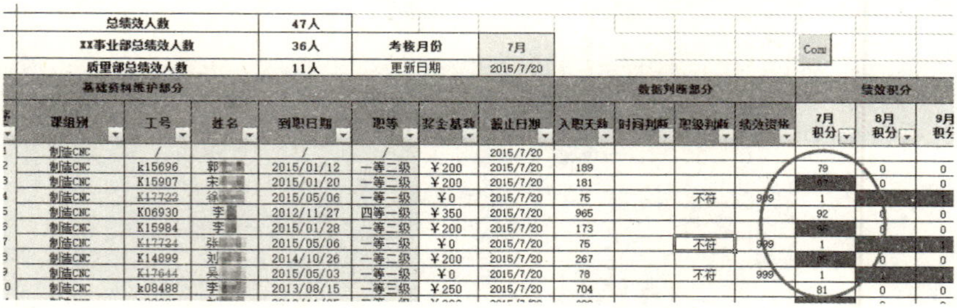

| | | | | | | | | | | | | | | |
|---|---|---|---|---|---|---|---|---|---|---|---|---|---|---|
| | 总绩效人数 | | | 47人 | | | | | | | | | | |
| | XX事业部总绩效人数 | | | 36人 | 考核月份 | | 7月 | | | | | | | |
| | 质量部总绩效人数 | | | 11人 | 更新日期 | | 2015/7/20 | | | | | | | |
| | 基础资料维护部分 | | | | | | | 数据判断部分 | | | | 绩效积分 | | |
| | 课组别 | 工号 | 姓名 | 到职日期 | 职等 | 奖金基数 | 截止日期 | 入职天数 | 时间判断 | 职级判断 | 绩效资格 | 7月积分 | 8月积分 | 9月积分 |
| 1 | 制造CNC | / | | / | / | | 2015/7/20 | | | | | | | |
| 2 | 制造CNC | k15696 | 郭 | 2015/01/12 | 一等二级 | ¥200 | 2015/7/20 | 189 | | | | 79 | 0 | 0 |
| 3 | 制造CNC | K15907 | 宋 | 2015/01/20 | 一等二级 | ¥200 | 2015/7/20 | 181 | | | | [illegible] | 0 | 0 |
| 4 | 制造CNC | ~~K17722~~ | 徐 | 2015/05/06 | 一等一级 | ¥0 | 2015/7/20 | 75 | | 不符 | 999 | 1 | [illegible] | 1 |
| 5 | 制造CNC | K06930 | 李 | 2012/11/27 | 四等一级 | ¥350 | 2015/7/20 | 965 | | | | 92 | 0 | 0 |
| 6 | 制造CNC | K15984 | 李 | 2015/01/28 | 一等二级 | ¥200 | 2015/7/20 | 173 | | | | [illegible] | 0 | 0 |
| 7 | 制造CNC | ~~K17724~~ | 张 | 2015/05/06 | 一等一级 | ¥0 | 2015/7/20 | 75 | | 不符 | 999 | 1 | [illegible] | 1 |
| 8 | 制造CNC | K14899 | 刘 | 2014/10/26 | 一等二级 | ¥200 | 2015/7/20 | 267 | | | | [illegible] | 0 | 0 |
| 9 | 制造CNC | ~~K17644~~ | 吴 | 2015/05/03 | 一等一级 | ¥0 | 2015/7/20 | 78 | | 不符 | 999 | 1 | [illegible] | [illegible] |
| 10 | 制造CNC | k08488 | 李 | 2013/08/15 | 一等三级 | ¥250 | 2015/7/20 | 704 | | | | 81 | 0 | 0 |

图8–15　自动整理出奖励人员名单1

图8–15中的红色的“97”“96”等数字就是根据绩效规则，只选取小单位的前30%自动筛选出，并用红色标注出来的。

这里主要用到的是条件格式（如图8–16所示）。

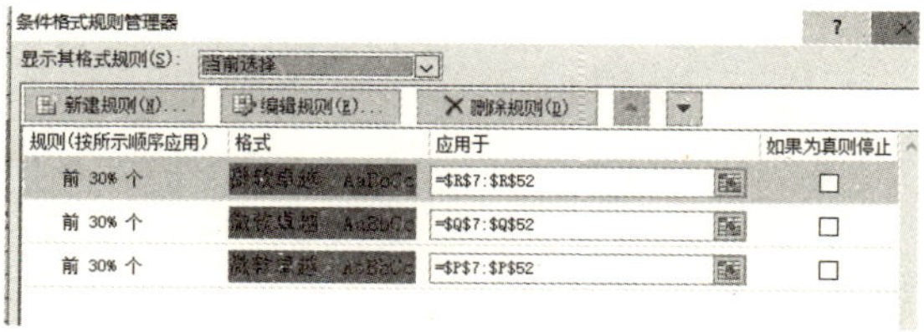


图8-16 自动整理出奖励人员名单2

## 二、自动整理出奖金明细和汇总

这旦根据Excel的最基本的筛选功能，选择出奖励人员明细。自动排列好后，复制到绩效报告汇总里即可（如图8-17所示）。

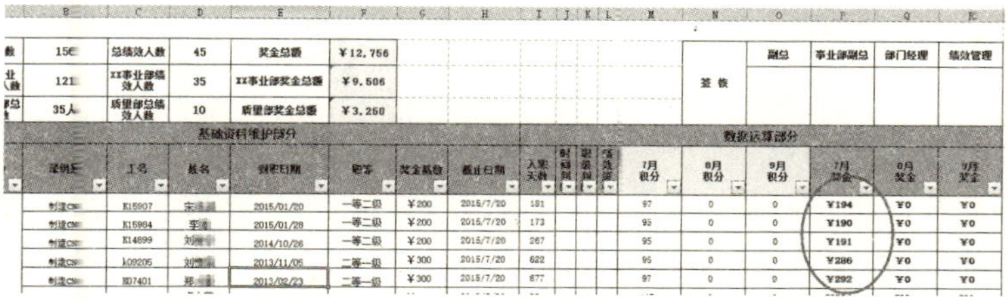

图8-17 自动整理出奖金明细和汇总1

此处在复制时需要使用“仅粘贴数值”功能，否则会出现乱码（如图8-18所示）。

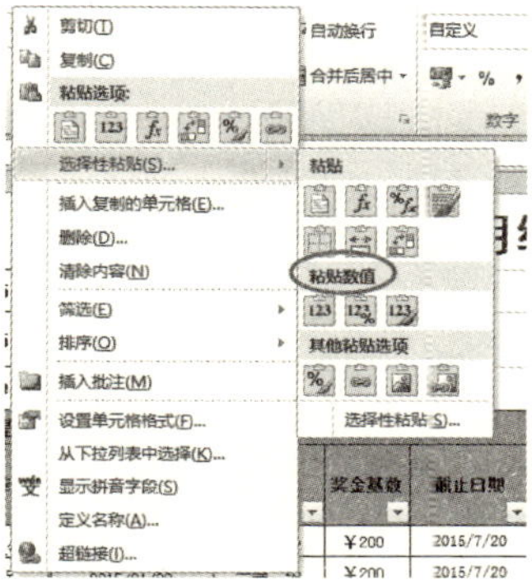


图8-18 自动整理出奖金明细和汇总2

第3节

# 自动罗列分析

此处主要用到的是透视表，便于数据的各种排列组合，用以分析不同情况下的各种状况。

有需要了解的读者可以通过互联网搜索，本章就不一一讲解了。

# 第4节

# “防呆”与“防错”

例如，为了防止绩效的原始考核数据输入错误，我们做了一些数据有效性“防呆”设置（如图8–19所示）。

图8–19 防呆防错（示例）

具体设置如图8–20所示。

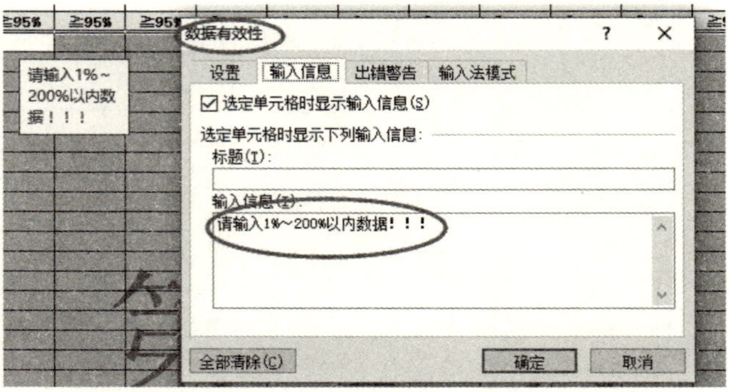


图8-20　防呆防错（示例2）

Excel的功能强大无比。希望各位读者可以继续开发更多的功能，用于优化日常工作。

作业练习：

知道不是得到，做到才能得到。为了真正掌握绩效管理各项工作的实施方法，请扫描下方二维码获取配套练习作业。

# 附录1　人力资源学徒六级和高手九段划分表

学徒六级划分表

| 等级 | 职位实力 | | 年收入（元）（一线城市） |
|---|---|---|---|
| | 职务 | 实力 | |
| 六级 | 大型企业模块主管 | 千人集团公司HR模块主管 | 12万—15万 |
| | 中型企业HRS | 百人公司HR主管 | |
| 五级 | 大型企业模块专员 | 千人集团公司HR模块专员 | 10万—12万 |
| | 中型企业模块经理 | 百人公司HR模块经理 | |
| | 小型企业HRM | 少于百人公司HRM | |
| 四级 | 中型企业模块主管 | 百人公司HR模块主管 | 8万—10万 |
| | 小型企业HRS | 少于百人公司HRM | |
| 三级 | 大型企业模块助理 | 千人集团公司HR模块助理 | 6万—8万 |
| | 中型企业模块专员 | 百人公司HR模块专员 | |
| 二级 | 大型企业实习生 | 千人集团公司HR实习生 | 5万—6万 |
| | 中型企业模块助理 | 百人公司HR模块助理 | |
| | 小型企业专员 | 少于百人公司HR专员 | |
| 一级 | 中型企业实习生 | 百人公司HR实习生 | 5万以下 |
| | 小型企业助理 | 少于百人公司HR助理 | |

高手九段划分表

| 等级 | 职位实力 | | 年收入（元）（一线城市） |
|---|---|---|---|
| | 职务 | 实力 | |
| 一段 | 大型企业模块经理 | 千人集团公司HR模块经理 | 15万—20万 |
| | 中型企业HRM | 百人公司HRM | |
| | 小型企业HRD | 少于百人公司HRD | |

续表

| 等级 | 职位实力 | | 年收入（元）（一线城市） |
|---|---|---|---|
| | 职务 | 实力 | |
| 二段 | 大型企业 HRM | 千人集团公司 HRM | 20 万—30 万 |
| | 中型企业 HRD | 百人公司 HRD | |
| | 小型企业 HRVP | 少于百人公司 HR 决策者 | |
| 三段 | 大型企业 HRD | 千人集团公司 HRD | 30 万—50 万 |
| | 中型企业 HRVP | 百人公司 HR 决策者 | |
| | 专业 HR 模块咨询师 / 讲师 | 合格人力单模块咨询顾问 / 讲师 | |
| 四段 | 千亿集团模块总监 | 国内顶级企业 HR 模块总监 | 50 万—100 万 |
| | 大型企业 HRVP | 千人集团公司 HR 决策者 | |
| | 专业 HR 全盘咨询师 / 讲师 | 合格人力全模块咨询顾问 / 讲师 | |
| 五段 | 千亿集团 HRD | 国内顶级企业 HRD | 100 万—300 万 |
| | 百亿集团 HRVP | 行业名企 HR 决策者 | |
| | 人力操作方法论创立者 | 专家级人力管理咨询顾问 | |
| 六段 | 千亿集团 HRVP | 国内顶级企业 HR 决策者 | 300 万—500 万 |
| | 百亿集团创始 CHO | 行业名企初代 HR 负责人 | |
| | 管理操作方法论创立者 | 专家级管理咨询顾问 | |
| 七段 | 百亿集团创始人 | 行业名企创始人 | 千万 |
| | 千亿集团创始 CHO | 国内顶级企业初代 HR 负责人 | |
| | 人力底层方法论创立者 | 国内顶级人力管理专家 | |
| 八段 | 千亿集团创始人 | 国内顶级企业创始人 | 上亿 |
| | 万亿集团创始 CHO | 世界顶级企业初代 HR 负责人 | |
| | 管理底层方法论创立者 | 国内顶级管理学大师 | |
| 九段 | 万亿集团创始人 | 世界顶级企业创始人 | 10 亿 + |
| | 管理底层逻辑创立者 | 世界顶级管理学宗师 | |
| | 人力底层逻辑创立者 | 世界顶级人力管理宗师 | |

**备注：**

创始人，指的是凭借个人能力，在资源匮乏的时候，带领组织从小到大发展起来的组织最高负责人。

创始CHO，指的是凭借个人能力，作为HR一把手，支撑组织从小到大发展起来的人力资源负责人。

宗师，指的是整套完善体系的开创者。

大师，指的是基于完善体系的整套底层方法论的开创者。

专家，指的是底层方法论的开创者。

专家级顾问，指的是方法论的开创者。

顾问，指的是操作技巧工具的开创者。

# 附录2

**绩效管理技能评鉴表**

| 类别 | NO. | 项目 | 1分（几乎不会） | 2分（能独立操作） | 3分（熟练运用） | 4分（非常熟练/能处理疑难杂症） | 5分（精通） | 现状分值 | 目标分值 |
|---|---|---|---|---|---|---|---|---|---|
| 绩效管理 | 1 | 绩效目标设定与分解 | | | | | | | |
| | 2 | 绩效指标提取 | | | | | | | |
| | 3 | 绩效权重设定 | | | | | | | |
| | 4 | 绩效计分原则设定 | | | | | | | |
| | 5 | 绩效数据收集 | | | | | | | |
| | 6 | 绩效沟通实施 | | | | | | | |
| | 7 | 绩效改进实施 | | | | | | | |
| | 8 | 绩效方案确定与实施 | | | | | | | |
| | 9 | 绩效制度设计 | | | | | | | |
| | 10 | 绩效体系搭建 | | | | | | | |

# 后　记　人力资源学徒九级和高手十段

评估一个人的实际能力，不能仅看职务名称叫什么，还要看具体的岗位工作承担了什么职责，行使了什么权力。基于这个逻辑，许多公司的创始老板其实才是组织内部的HR最高管理者，整个组织的选、育、用、留的最终决策，都是老板在规划实施。

这也就是我们经常提及的一个概念，老板永远是企业里的HR最高管理者。延伸到组织，他就是组织的最高决策者，永远是组织的人力资源最高管理者。

**名词解释：**

**人力资源从业者的三个层级，六类核心技能**

**高端技能（经营技能）：**基于战略规划，运营管理的人力规划技能。

如：组织顶层设计，商业模式设计，运营模式设计，资本规划，产品规划，人脉规划，资源规划，人力规划等。

**中端技能（管理技能）：**基于项目推动，团队管理的人力管理技能。

如：运营落地，项目落地，业务支撑，内部管理，跨部门管理，人力分解等。

**基础技能（执行技能）：**基于传统专业，自我管理的人力实施技能。

如：HR六大模块实施，职业定位，时间管理，高效执行，学习技巧，问题分析与解决，高效自律，有效沟通等。

**人力资源从业者的四类研究**

体系化的人力资源底层逻辑；

匹配底层逻辑的指导方法论（底层方法论）；

匹配底层方法论的操作技巧（SOP）；

承载操作技巧的工具模型。

**人力资源从业者的两大层级**

**HR学徒：**登堂入室前的人力资源从业者。

**HR高手：**登堂入室后的人力资源从业者。

**学徒级别：**无论头衔，实际操作中，仍以执行为主，似懂非懂地做人力资源——**技能化**。

这个级别的HR，对于HR处于一知半解状态，总感觉能抓住一点，却又总是抓不住，内心很容易焦虑，喜欢模仿工具模型，考取证书，疯狂看书，尽量使自己“专业点”。

遗憾的是，从行为和结果来看，目前国内大多数HR都处于这个阶段；当然，这是客观条件导致的，与中国市场经济发展阶段和人力资源整体的发展有关系，后面会有解析。

不少老一辈的人力资源经理和总监，更多是从人事经理总监直接“硬着陆”变成的。时代变了，但是由于不少老一辈企业家和高管固有的思维没变，导致名不副实的人力经理总监在许多企业大面积存在。“老”经理和“老”总监们无论是思维上，还是职权上，还停留在传统人事行政上，对于人力资源更多是一知半解。

改变是痛苦的，尤其是思维的改变更痛苦，这一条就拦住了大部分老一辈HR经理总监的改变之路。更何况许多“老”人力经理总监，已经走过35岁+了，在现有企业暂时还能“混”得下去，混得还不错，而从短期看，改变需要承担巨大的痛苦和风险，那就更没有必要去改变了。

这些都是造成国内学徒级别的HR比例过大的一些因素。

**一段高手到三段高手：**站在人力资源做人力资源——**技术化**。

这个段位的HR有了一技之长，踏入了专业的门槛，能够逐渐开始协助企业的运营，具备一些环境下的实践成功结果。但是，喜欢把一切都往HR上套，易过度“神化”HR的作用，将HR凌驾于所有之上，看不起其他管理者。

市面上大多HR讲师处在这个阶段。

**四段高手到六段高手：**跳出人力资源做人力资源——**管理化**。

这个段位的HR小有所成，对运营已经很熟练，能够逐渐开始协助公司的经营，具有自己独立的理论知识见解和丰富的标准化实践成功结果。但是他们会逐渐自满，容易认为自己的认知是“最牛的”，看不起其他HR，凡事都喜欢上去争个输赢，证明自己是最对的那个，喜欢“求同”，却不喜欢“存异”。

市面上大多HR咨询师处在这个阶段。

**七段高手到九段高手：**都是人力资源——**艺术化**。

这个段位的HR逐渐大成，无论是运营管理还是市场业务都非常纯熟，甚至可以独立经营公司，而且有了自己完善的标准化知识技能体系，能在不同环境下批量复制成功实践，重新认识到HR的无所不能，人类的一切行为都是HR，也开始重新认识到了HR的博大精深，高手如云，自己的体系不过仅仅是众多HR高手的一种合理存在的派系。

这个阶段的HR如非特殊需要，基本处在“隐身”状态，很少出现在公众视野里。因此你很少看见华为、阿里、腾讯、福耀、万科、富士康、碧桂园、美的、海尔、格力、小米、吉利等企业真正的HR一把手们经常活跃在公众视野。活跃在公众视野的基本都是HR部门十名以外的，或者事业部，子公司的VP，甚至总监。

不过，九段高手的光芒太盛，就算自己想隐藏，也会被媒体曝光。

**十段高手：**一切都是资源——**自然化**。

这个段位的HR，已经与HR彻底融为一体，到处都是HR，到处又没有HR，像呼吸一样，一切都是顺其自然！

这个阶段的HR，树欲静而风不止，就像黑夜中的月亮一样耀眼，难以掩藏光芒。

**图书在版编目 (CIP) 数据**

HR 绩效管理技能实操全案：中小企业 HR 如何做好绩效管理 / 瓮春春，冯雪美著 —北京：中国法制出版社，2021.7

（百习而见商学院系列 / 瓮春春主编）

ISBN 978-7-5216-1917-1

Ⅰ. ① H… Ⅱ. ①瓮… ②冯… Ⅲ. ①中小企业—企业绩效—企业管理 Ⅳ. ① F276.3

中国版本图书馆 CIP 数据核字（2021）第 103364 号

策划编辑：郭会娟

责任编辑：郭会娟　　封面设计：汪要军

---

**HR 绩效管理技能实操全案：中小企业 HR 如何做好绩效管理**

HR JIXIAO GUANLI JINENG SHICAO QUAN'AN: ZHONG-XIAO QIYE HR RUHE ZUO HAO JIXIAO GUANLI

著者 / 瓮春春　冯雪美

经销 / 新华书店

印刷 / 三河市国英印务有限公司

开本 / 710 毫米 ×1000 毫米　16 开　　印张 / 16.25　字数 / 173 千

版次 / 2021 年 7 月第 1 版　　2021 年 7 月第 1 次印刷

---

中国法制出版社出版

书号 ISBN 978-7-5216-1917-1　　定价：56.00 元

北京西单横二条 2 号　邮政编码 100031　　传真：010-66031119

**网址：http://www.zgfzs.com**　　**编辑部电话：010-66038703**

**市场营销部电话：010-66033393**　　**邮购部电话：010-66033288**

（如有印装质量问题，请与本社印务部联系调换。电话：010-66032926）